没有教不好的孩子，
只有不会教孩子的妈妈！

Haomama Shengguo
Haolaoshi

高瑾——著

好妈妈胜过好老师

亲子手记
Qinzi Shouji

江苏凤凰美术出版社
全国百佳图书出版单位

图书在版编目（CIP）数据

好妈妈胜过好老师亲子手记 / 高瑾著. -- 南京：
江苏凤凰美术出版社，2017.2
　ISBN 978-7-5580-0784-2

　Ⅰ. ①好… Ⅱ. ①高… Ⅲ. ①家庭教育 Ⅳ. ①G78

中国版本图书馆CIP数据核字（2017）第008208号

责任编辑　曹昌虹
文字编辑　李　培
装帧设计　瑞雅书业·赵　静
美术编辑　王　玲
责任监印　蒋　璟

书　　名　好妈妈胜过好老师亲子手记
著　　者　高　瑾
出版发行　凤凰出版传媒股份有限公司
　　　　　江苏凤凰美术出版社（南京市中央路165号　邮编：210009）
　　　　　北京凤凰千高原文化传播有限公司
出版社网址　http://www.jsmscbs.com.cn
经　　销　全国新华书店
印　　刷　北京嘉恒彩色印刷有限责任公司
开　　本　710mm×960mm　1/16
印　　张　18
版　　次　2017年2月第1版　2017年2月第1次印刷
标准书号　ISBN 978-7-5580-0784-2
定　　价　36.80 元

营销部电话　010-64215835-801
江苏凤凰美术出版社图书凡印装错误可向承印厂调换　电话：010-64215835-801

育人先育己，
妈妈要和孩子一起成长

墨子认为人性如"素丝"，"染于苍则苍，染于黄则黄"，"故染不可不慎也"。人格的形成，受环境影响甚深，而孩子在妈妈的怀中认识世界，从妈妈的言行中受到人格和行为的熏陶，妈妈对孩子人格的影响是不可估量的。妈妈的教育，将影响孩子的一生，所以说教育应该从家长，尤其是从妈妈抓起。

妈妈不办教育，却占据着教育对象的起点；妈妈不是老师，对孩子的影响却常常胜过老师；妈妈不在校园，却足以左右学校教育的效力。作为一位妈妈，同时也是一名教育工作者，我对此深有感触。对孩子来说，一个肯用心教孩子、会教孩子的妈妈胜过十位名师。如今，越来越多的妈妈认识到孩子教育的差异主要体现在家庭教育中，所以每位妈妈都在初为人母时就铆足了劲要把自己的孩子教育好。但教育孩子，光有爱是不够的，用错了方式反而会把事情越办越糟。

世界上有三类妈妈：一类妈妈不懂教育，不教育孩子；一类妈妈不懂教育，却教育孩子；还有一类妈妈既懂教育，又能教育孩子。第一类妈妈的孩子成长一般，第二类妈妈的孩子成长得最糟，第三类妈妈的孩子成长得最好，只有这一类妈妈称得上是好妈妈。做个好妈妈并不简单，除了要管好孩子的衣食住行，还要扮演好多重角色，做孩子的好朋友、引路人、教练员……要做到这些，妈妈必须要提高自身素质，掌握科学的育儿理念和教子智慧，和孩子一起成长。

没有教不好的孩子，只有不会教孩子的妈妈。没有人生来就知道如何当好妈妈，许多妈妈经常会陷入教育孩子的种种误区当中。有感于家庭教育的被忽视或不得法，经过深思熟虑，我将这些年在养育女儿和教育学生过程中遇到的种种问题和解决办法以及研究成果付诸笔端，写成这本书，以期帮助妈妈们解决在日常家庭教育中遇到的问题和疑惑。

世界上没有完全相同的两个孩子，也没有任何一本书可以解决所有家庭教育中的难题，不过"他山之石，可以攻玉"，用心写就的文字中总有成功的经验可供参考，总有恒久的道理可供借鉴。愿这本书可以为妈妈们，尤其是年轻的妈妈们带来一点儿思考、一点儿帮助，也愿所有的孩子都能健康快乐地成长！

目 录

Part 1
教育孩子，从转变观念做起

Part 2
不打不骂，先"蹲下来"再沟通

Part 3
好品质、好心态、好习惯 决定孩子的一生

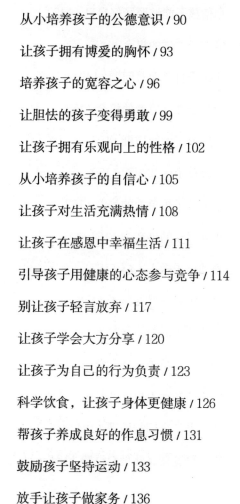

Part 4 🖤
有些能力要从小就培养

Part 5
学会放手，让孩子自主学习

Part 6
打开"心锁"，
带领孩子走出心理迷雾

Part 1

教育孩子，
从转变观念做起

妈妈的工作
不能由别人代替

英国哲学家罗素曾经说过："如果想让孩子长成一个快乐、大度、无畏的人，那这孩子就需要从周围的环境中得到温暖，而这种温暖只能来自父母的爱。"对女性来说，既然做了妈妈，就要承担起养育孩子的责任和义务，但现在有太多的妈妈愿意为孩子花钱，却不愿意为孩子花时间和精力。她们以为只要给予孩子舒适的环境、良好的物质条件，孩子就会健康成长，但事实上，孩子的健康成长离不开妈妈的爱和时间，如果妈妈将自己养育孩子的职责交给别人，就会带来一些弊端，比如难以在妈妈和孩子之间形成良好的依恋关系。

我的朋友乔慧在一家外企工作，在生完女儿妮妮3个月后她就上班了，把带孩子的事完全交给了保姆。乔慧的丈夫工作也非常忙，夫妻两人每天早出晚归，还经常出差，妮妮几乎从早到晚都和保姆生活在一起，晚上也是和保姆一起睡。两个人的感情很好，保姆很疼爱妮妮，妮妮也对保姆产生了依赖。每次保姆回乡探亲，妮妮都表现得比乔慧出差还难过。

妮妮4岁时，家里和保姆因为报酬问题产生了分歧，乔慧为妮妮找了一个新的保姆。但是妮妮和新保姆相处得很不融洽，整天哭闹惹事。夫妻两人没办法，只好再换保姆。随着数次更换保姆，年纪渐长的妮妮不再为换保姆的事吵闹了，但她拒绝和任何保姆说话。乔慧夫妻还是忙于工作，很少有时间和妮妮交流。这样，妮妮实际上相当于每天一个人孤零零地在家。

现在，妮妮已经10岁了，学习成绩不好，性格也很古怪，一方面非常在意父母对她的态度，一方面又天天和他们吵架。

乔慧经常对我抱怨，说自己工作得这么辛苦，回家后还要对付妮妮这个"小冤家"，真是身心俱疲。每每听到乔慧的抱怨，我都会直言不讳地对她说这件事的错在她，而不在妮妮。在我看来，乔慧的错误在于她把孩子完全交给保姆照顾，而又无视了孩子与第一个保姆间早已形成的依恋关系。出生后的第一年对孩子来说是至关重要的，妈妈的躯体抚慰和精神关注将促进孩子与妈妈形成信任、安全、温暖的关系。这种母子依恋的感情一般取决于孩子出生后最初的几年，如果这段时间里照顾孩子的不是妈妈，而是其他人，那么孩子将依恋那个照顾他的人。而错过这段产生母子依恋的最佳时期，那么以后的30年甚至更长时间里，妈妈可能都很难补回这份亲密感情。对于已经产生母子依恋的孩子来说，他们能正确理解妈妈教育自己的行为，不会因为妈妈教训自己而记恨妈妈，而对妈妈不够依恋的孩子，妈妈会发现自己教育孩子的行为很容易激发孩子内心深处对妈妈的不信任，让孩子产生抵触和反抗情绪。

在这里多说一句，当孩子回到妈妈身边需要和妈妈重建依恋的时候，妈妈要用一种平和、坚定、温暖的方式引导孩子慢慢地投入自己的怀抱，切不可急于求成。

妈妈将养育孩子的职责交给别人带来的第二个弊端是导致孩子缺乏安全感。

我的女儿熙熙上幼儿园时，班上有个叫小沐的小朋友。小沐从出生起一直是由爷爷奶奶和外公外婆轮流照看，每隔半个月换一次班。

小沐从2岁起变得越来越不开朗，总是沉默着不理人。3岁时，小沐进了幼儿园，性格变得更加内向了。他总是时时刻刻地抱着自己的书包，并且不时地拉书包的拉链。老师想要给出了很多汗的小沐换衣服，他不肯，还大哭着抓住衣服不放。晚上回到家，小沐从不跟爸爸妈妈讲幼儿园里的事，只是在半夜里大哭。

小沐的妈妈跟老师沟通过了，甚至带他去看了心理医生，但都没能改变他的焦虑和恐惧。无论是带他出去玩还是让他和小朋友做游戏，他都很难开心起来，经常是一边玩一边发呆。晚上，他也不肯和妈妈一起睡，说妈妈会打他，但妈妈从来没有打过他。即使白天妈妈和他相处得很开心，睡觉前也讲故事给他听，但一提要关灯睡觉，他就要找爷爷奶奶或是外公外婆。妈妈很伤心，但还是一点儿办法都没有。

我们知道，有安全感的孩子才能与他人建立起相互信任的人际关系。而缺乏安全感的孩子对他人通常表现出不信任、傲慢甚至敌视和仇恨的态度，更容易出现逃避、退缩或攻击性行为，比较难以建立起良好的人际关系。缺乏安全感也是导致多种心理疾病的原因之一。小沐的行为是严重缺乏安全感的表现，他排斥别人，不信任他人（包括他的父母），认为别人都对他有潜在的威胁，内心充满了恐惧和压抑。究其原因，父母陪伴太少、孩子幼年时期频繁换人照顾、受到过度保护和溺爱、成人的教育方法不一致、大人当着孩子的面起争执等，都是导致孩子缺乏安全感的原因。其中，缺乏父母的陪伴是孩子缺乏安全感的最主要原因。

此外，妈妈将自己养育孩子的职责交给别人，还会对孩子的教育产生不利影响。有些妈妈嫌照顾孩子麻烦，就将孩子托付给家中的老人来照顾。殊不知，这种做法弊多利少：老人通常对孩子宠爱有加，言听计从，这种溺爱和迁就容易使孩子产生"自我中心"意识，形成自私、任性等不良个性；老人通常把孩子的事情大包大揽下来，连穿衣服、系鞋带之类的小事都不愿意放手让孩子自己去做，这容易助长孩子的依赖性，不利于孩子独立意识的培养；一部分老人文化程度较低，思想观念相对陈旧，教育观念往往与时代要求脱节，比如制止孩子拆卸玩具、阻止孩子玩水以免弄湿衣服等，不利于孩子好奇心和创造力等能力的培养；老人通常喜静不喜动，更喜欢"乖"孩子、"听话"的孩子，并以此来要求孩子，容易让孩子变得内向、不爱活动。

相对而言，年轻妈妈照顾孩子有很多优势：妈妈思想开放，知识面广，可以通过书刊、网络等渠道弥补自身育儿经验的不足，对长辈的育儿方法加以取舍和改进；妈妈接受和理解新生事物的能力比较强，孩子在妈妈的引导下能够接触到许多在老人身边接触不到的东西，有利于培养他们多方面的兴趣；妈妈精力充沛，充满活力，可以经常带孩子接触大自然，有利于孩子身心健康发展。

如果妈妈实在很忙，在一定时间内请老人抚育孩子也未尝不可，但一定不要做抚养孩子的局外人，在分别的日子里要定期去看孩子，多和孩子沟通，让孩子感受到自己在时刻关心他，尽量减少孩子的失落感。

总之，孩子不是可以随时寄放、随时取回的物品，他们有思想、有感情，成长中的每一种境遇都会在他们心里留下深刻的印记，妈妈要保证自己与孩子的相处时间和相处质量，把和孩子相处当作一件非常重要的工作来认真对待。

教育孩子一定要以身作则

家庭是孩子最基本的生活和教育单位，孩子最初的行为习惯都是从妈妈那里学来的。很多妈妈可能没有意识到，自己的孩子就像一个永不停息的小雷达，专注地观察着自己的一举一动，并模仿各种被自己忽略的琐碎细节。身教重于言传，如果妈妈自己尚且存在很大问题，又怎么能要求孩子不出差错？

一次，我去给熙熙开家长会，会开完后，我和几个家长留下来聊天。大家聊起了小姑娘爱美的问题，明美的妈妈说："上个星期，明美看到我正在化妆，就想让我也帮她化个妆，打扮一下，我告诉她，说她是最可爱的，完全不需要化妆。而我因为上班需要见客户，所以要化点淡妆，这是对客户的尊重。"晓琳的妈妈听完，立刻接着说："我女儿总是一面照镜子，一面皱眉头，我问她为什么在照镜子的时候皱眉头，你猜她说什么，她说是跟我学的，还说我每次照镜子的时候都是这样一脸不满意的样子，她现在也总是觉得自己的形象有问题。你说我现在人到中年，皮肤长皱纹，头发也没什么光泽了，她一个小姑娘懂什么……"

听完两位妈妈的话，我陷入沉思，如果妈妈告诉女孩，自己化妆是因为完美的外表会让自己更自信，年幼的女孩心里就会有这样一种认识——自信来自于外表，以后也会更加关注自己的外表。明美妈妈的回答无疑是聪明的，让明美知道化妆是美的，但也要分场合。这样既不会对明美产生误导，又培养了明美的审美品位。而晓琳妈妈把年龄的增长看作是洪水猛兽，在照镜子时看到的大多是自己的缺点，晓琳受到影响，在镜子中也只能看到自己不满意的地方。

由此可以看出，仅仅在日常生活的接触中，妈妈就可以通过无数个方面影响着孩子。所以，妈妈们应该意识到，自己是孩子的模板，要想"复制"出让人惊叹的效果，就必须先把自己刻画得精细些。那么，具体来说，妈妈要做到哪些方面呢？

首先，要不断提高自身修养，对孩子要"言教"更要"身教"。想要给孩子做好榜样，妈妈首先自身必须要优秀，要求在孩子身上形成的品质和良好习惯，自己都应首先具备。妈妈要纠正自身的不良行为习惯，树立正确的世界观和人生观，通过不断的自我教育，提高自身的素质和修养。

在熙熙很小的时候，我就注意培养她良好的阅读习惯。在我家里，最大的房间不是卧室，而是书房。高高的书架上，摆满了我和丈夫多年收藏的各种书籍。每天吃完晚饭，我们都会和熙熙一起读书。在我们的影响下，熙熙很喜欢看书，特别是名人传记，偶尔她还会向我们推荐几本自己认为比较好的。有一段时间，因为工作比较忙，我缩短了自己的读书时间。一天，熙熙突然对我说："妈妈，你看我最近读了这么多书，你再不学习就跟不上我了。"

孩子的模仿能力很强。如果妈妈自己生活上懒散松懈、工作上不思进取，却把理想寄托在孩子身上，要求孩子努力学习、成绩优异，他们是不会听从的。想让孩子好学上进、不断进步，妈妈就一定要在工作上、学习上以高标准要求自己。

其次，要从日常生活的细节中为孩子做良好示范。教育孩子时，有些妈妈在大的方面做得很好，却在细节上不够重视。要知道，妈妈的一言一行、一举一动，孩子都是看在眼里、记在心里，并加以仿效的，不要因为自己的一时疏忽让教育"溃于蚁穴"。

在孩子面前，妈妈从思想品德到生活小节，都没有小事。很多妈妈不能容忍孩子的错误，殊不知，孩子的很多错误正是从妈妈身上学来的。作为孩子人生的启蒙老师，为了培养孩子的健康人格，妈妈一定要从自身做起，从小事做起，"不以善小而不为，不以恶小而为之"。

总之，妈妈的言行举止犹如一本没有文字的教科书，对孩子有着巨大的潜移默化的影响。这种影响是在无意识中产生的，其作用也最直接、最深刻、最持久。所以，妈妈一定要以身作则，时时、处处、事事严格要求自己，只有这样，才能对孩子产生积极、深远的影响，为孩子做好榜样。

教育孩子切忌家人步调不一致

"一加一为什么等于负一？"这不是一道脑筋急转弯题，答案在家庭教育中常常出现。当妈妈和爸爸对孩子的教育持有不同的意见，而这又被孩子察觉时，就会产生"一加一等于负一"的教育效果。

我教的班上有个叫李墨的学生，一天，李墨的妈妈韦薇来到学校，给我讲述了她在教育儿子时遇到的困惑：

在家里，韦薇为李墨立下了很多规矩，"不能吃零食""不能喝饮料""不能睡懒觉"……可李墨的爸爸李玮却有很多不同的观点，他认为上述这些也许不是健康的生活方式，但它们都能带给人很多乐趣，无论大人还是孩子，都有权享受。虽然他也认为对孩子应该有所控制，但觉得一点儿不让孩子"犯戒"，对孩子来说实在是有些严苛了。

为此，韦薇没少和李玮闹别扭，但两个人一直没有达成一致意见，而是自己坚持自己的：韦薇在家时，李玮自己不吃零食、不喝饮料，也不给李墨吃零食、喝饮料；韦薇加班或是出差不在家，李玮自己享受这些的时候，也让李墨"破破戒"。

李墨还小的时候，并不知道为什么会这样，但随着一天天长大，他很快就发现了其中的规律，并做出了"配合"的举动：妈妈在家时，他不吵着要零食吃；妈妈不在家时，他就开心地和爸爸一起享受美食。久而久之，李墨变得特别"精明"：妈妈在家的时候，他是个乖宝宝，对爸爸妈妈的话言听计从；妈妈不在家时，他就我行我素，遇事还喜欢和爸爸讲条件。

如果父母中一方对孩子较为严厉、苛刻，而另一方对孩子过于温和、宽容，孩子很容易变得像李墨一样，学会"见风使舵"。李墨父母的教育意见不统一，彼此又不协商，各自为政，就出现了这种结果。夫妻双方在教育孩子的问题上意见不能够达成一致，是家庭教育的大害。

孩子有一种本能的自我保护心理，他们会利用父母对自己的意见分歧来寻找有利于自己的保护伞，学会钻空子、为自己的过错开脱，这会导致父母的教育效果大打折扣。久而久之，孩子会本能地亲近一方，排斥另一方及其教育方法，哪怕后者提出的是合理要求，孩子也会认为是对自己自由的一种限制，变得任性、不讲理。如果父母经常将分歧暴露在孩子面前，会直接影响到孩子心里父母的威信，进而又影响到父母的教育效果。

同时，孩子在成长过程中是依靠父母多次的肯定或否定来逐步认识自身行为正确与否的，如果父母对孩子的行为持不同态度，孩子会觉得无所适从，判断力和自控能力的正常发展都会受到影响。

因为对孩子的教育方法不一致导致家庭教育效果不理想，还容易激化夫妻间的分歧和矛盾，成为家庭的不稳定因素之一，而父母关系的不和谐又会给孩子的成长带来致命伤害。其实，在对孩子的教育上，夫妻双方都是以教育好孩子为出发点的。但是由于性格、生活经历、教育背景等不同，双方看待问题的角度也会有所区别，难免在对孩子的教育上产生分歧。这并不是什么大不了的事，只要夫妻双方相互协商、求同存异，是可以找到最佳的折中办法的。有以下几点值得注意：

首先，不要在孩子面前起争执，有不同意见保留到私下谈。在孩子面前与对方争个长短的后果就是，无论哪方赢了，都会削弱另一方在孩子心中的分量。父母意见不统一，孩子不知道该听谁的，很可能最后哪一个都不听，导致父母威信尽失。所以，一旦发现有当着孩子的面争吵的迹象，一定要将情绪冷处理。妈妈可以提前与丈夫约定好，当一方教育孩子时，如果另一方有不同意见，不妨先无条件地听从另一方的，暂时不要发表自己的不同意见，之后再找个时间商量后得出一致结论，并严格执行。

其次，避免脸谱式的教育方式。在家庭教育中夫妻双方一方扮白脸，一方扮红脸，并不利于孩子的教育。如果孩子在严厉的家长面前总是很老实，唯唯诺诺，有话不敢说，有事不敢做，有理不敢申，在温和的家长面前总是言行放肆，为所欲为，毫无规矩，那么久而久之，孩子很容易变得欺软怕硬、看人脸色行事，养成当面一套背后一套的"两面派"作风。

此外，如果家庭中有老人帮忙照顾孩子，妈妈不要在孩子小的时候任由老人娇宠孩子，也不能等孩子长大了再去纠正孩子已经养成的不良性格和习惯。一定要事先与老人沟通好，讲清道理，耐心开导，以求同心协力把孩子教育好。

不要当着孩子的面吵架

即便是再和睦的家庭，夫妻之间也难免会有意见不统一的时候，偶尔争吵几句也很平常，有时反而能增进夫妻双方的感情。不过，当夫妻升级为父母之后，吵架就不再是两个人的事了，因为身边多了一个孩子。

有些妈妈以为孩子还小，听不懂大人说话，所以在他们面前可以不用避讳地争吵，但事实上，研究发现，婴儿能"听懂"声音中蕴含的情绪，即使在熟睡中也是如此。美国俄勒冈大学的心理学家通过对20名6～12个月大的婴儿的大脑进行扫描发现：同样在熟睡时收听研究人员播放的明显带有愤怒情绪的话，来自矛盾冲突较多的家庭中的婴儿，其大脑中负责压力和情绪调节的部位做出的反应更为强烈。因此，心理学家认为，婴儿经常处于吵架等冲突环境中，会影响到婴儿大脑处理情绪和压力的方式。

我带熙熙去医院看病，曾遇到一对夫妻带着7岁的儿子来求诊。夫妇俩告诉医生，说孩子最近一段时间出现了嘴角以及全身抽动的症状。被问及何时发现孩子出现这种症状的，夫妻俩回忆了一下说，两人结婚8年了，最近两三年经常为一些生活琐事而吵架，吵架时也没想过要避开孩子。两个人刚开始吵架的那段时间，孩子总是害怕、流泪。后来，夫妻俩再吵架，孩子竟然不哭了，而是躲起来。就在前不久，夫妻俩再次吵架，妻子一气之下想要带着孩子回娘家。就在那个时候，夫妻俩发现孩子嘴角、眼角甚至全身都开始抽动。两个人连夜带着孩子去医院检查了一下，但是医生说孩子的身体没什么问题。但最近几天，孩子再次出现了这种情况，而且表现得越来越严重。经过检查，医生确诊孩子患上了抽动症。

对此，医生解释说，夫妻俩经常当着孩子的面吵架，给孩子造成了较大的心理压力。这种情绪发泄不出去，一直压抑在孩子心里，时间长了，孩子幼小的心理无法承受这种痛苦，于是动用了心理防御机制，将其转化成躯体方式体现出来，导致孩子出现了抽动的症状。

根据调查显示，有85%的孩子最害怕的就是父母吵架，因为这会让孩子产生不必要的担忧：这是不是我引起的？爸爸妈妈还能和好吗？我们的家要散了，爸爸妈妈不要我了……而这对孩子智力、心理和身体发育造成的负面影响将难以弥补。

有些妈妈口口声声说为了孩子才不离婚，家里却终日"硝烟"不断。殊不知这种行为带给孩子的伤害更难消除。哲学家弗洛姆就曾经说过："当一个不幸的婚姻面临解体时，父母之间陈腐的论据是，他们不能分离，以免剥夺一个完整的家庭给孩子所带来的幸福。然而，任何深入的研究都表明，对孩子来说，家庭中紧张和不愉快的气氛，比公开的决裂更有害，因为后者至少教育孩子，人能够靠勇敢的决断，结束一种不可容忍的生活状况。"长久的家庭战争会让孩子误认为吵架是正常现象，妨碍了孩子正常的情感发展。有些孩子甚至明确表示："不想重复父母的悲剧，长大坚决不结婚。"

从另一方面来说，父母在孩子面前吵架，气势汹汹的样子、充满仇恨的语言和尖厉的叫骂声毫不遮掩地呈现在孩子面前，会破坏孩子心中父母的形象。当孩子不愿意听从其中一方的要求时，便会利用这一点来反抗。

让孩子生活得有安全感是为人父母者的责任，如果确实有矛盾需要解决，夫妻双方必须要考虑孩子的心理感受，应尽量控制情绪，不要随意发泄；当着孩子的面吵架是在任何情况下都应该避免的，而冷战同样会给孩子带来心理伤害；如果孩子在场，最明智的方式莫过于心平气和地各抒己见。

但人非圣贤，相信没有哪对夫妻能真正做到几十年如一日地相敬如宾。如果妈妈真在孩子的面前与爸爸吵起来了，事后该怎样来弥补呢？

第一，要安抚受惊的孩子。

妈妈吵架后应该告诉孩子，大人吵架的事情和他无关，不要让孩子认为是自己不好导致父母吵架，避免孩子产生自责心理；要鼓励孩子把当时的感受说出来，弄清楚孩子害怕的是什么，是父母吵架时的表情和声调，还是怕父母分开之后不要自己了；可以使用拥抱或亲吻等肢体语言来传达对孩子的关爱，同时向孩子保证父母无论争吵与否，都是非常爱他的，不会不要他，让孩子安心。

第二，千万不要对着孩子诉苦。

有的妈妈会在吵架后边流泪边对孩子诉说自己的委屈和难处。这种做法会让孩子过早地面对成人世界的烦恼，不但对妈妈毫无益处，还会增加孩子的心理负担，影响孩子的心理健康。也许有的妈妈会说："我受到伤害了，难道就一直忍气吞声吗？说说都不行？"找人诉说当然可以，但是倾诉对象一定不能是孩子。不管受到怎样的伤害，那都是大人之间的恩怨，应该在大人之间解决。

第三，不要在孩子面前指责另一方。

在调整好自己的情绪后，妈妈可以对孩子说说吵架的事，但只说事，而不针对人，比如"爸爸妈妈因为某事的意见不同而有些争论"。如果妈妈在孩子面前说批评丈夫的话，会产生很多副作用：一种情况是，孩子不想得罪任何一方，为了讨好父母而养成心口不一的习惯；另一种情况是，孩子偏爱其中的一方，而孤立另外一方，导致夫妻关系更加恶化。

第四，最好当着孩子的面和好。

妈妈可以向孩子说明，吵架的事情已经过去了，爸爸妈妈以后不会再吵了。当孩子看到爸爸妈妈和往常一样心平气和地讲话、相处，自然就会平静很多。时间久了，只要家长不再争吵，孩子就会渐渐淡忘掉。

第五，要勇于承认错误。

我家隔壁住着一个可爱的小男孩小宝。一次，我与小宝奶奶一起等电梯，她给我讲了个"笑话"：

一天，小宝爸妈因为一件小事吵架，愤怒之下，小宝妈妈大声地斥责小宝的爸爸是"精神病"。小宝听到慌了神，连忙哭着向奶奶求助："快来救爸爸，他生病了！"奶奶问清原委后对小宝作了解释，大人们本以为事情就这样过去了，没想到从那以后，小宝竟将"精神病"当成了自己的口头禅。为此，小宝的妈妈专门郑重地向小宝承认了错误："是妈妈说错了话，妈妈以后一定注意。"至此，小宝的"'精神病'后遗症"才算彻底痊愈。

妈妈的一言一行都可能成为孩子模仿的对象，所以妈妈一定注意吵架时不能"口不择言"，否则就会像小宝妈妈一样给孩子带来心理阴影；更不要用一句"这种话大人能说小孩不能说"，就把自己的不良言行敷衍过去，要勇于向孩子承认错误。

总之，为了让孩子拥有自信、乐观的心态，对生活充满热情，妈妈一定要为孩子营造一个温馨和睦的家庭氛围，不要让孩子终日生活在惶恐不安中。

别让孩子觉得他是你的负担

记得熙熙上小学五年级的时候，有一次她去好朋友澜澜家里过夜。第二天，熙熙回到家后，问了我一个问题："妈妈，你说是做妈妈好，还是做律师好？"

"这两者有冲突吗？"我很奇怪。

"有冲突，澜澜的妈妈说，她为了澜澜连最喜欢的律师事业都放弃了。我长大以后不要做妈妈，要做律师。"

听了熙熙的话，说实话，我心里有些不舒服，澜澜的妈妈既然已经选择了为女儿放弃自己的事业，那何苦还要在女儿面前抱怨呢？有很多妈妈像澜澜妈妈一样，喜欢把自己塑造成为孩子奉献了一切的牺牲者的角色，以此来博得孩子的同情与合作。"我儿子今年读高一，再有两年他上了大学，我就完成任务，可以解放了！""我就没你那么好了，我儿子才上初二，真不知道什么时候才能熬出头！"

生活中，我们经常能听到身边的一些妈妈说这样的话。她们把教养孩子说成是一种煎熬，有时候甚至当着孩子的面也毫不顾忌地这样说。

无数事实证明，这些妈妈的做法并不可取。她们的话会在无形中让孩子形成这样一种意识：自己是妈妈沉重的负担，妈妈要时时刻刻为这个负担操心。这种想法在孩子心中不断强化，最终会根植在孩子意识深处，让孩子充满愧疚感。与此同时，妈妈的这种说法也很容易让孩子产生这样一种误解：妈妈并不爱我，教养我长大只是为了完成任务，她正迫不及待地等着我赶快长大，好完成任务呢!

没有不爱孩子的妈妈，也没有妈妈真心把孩子当作负担，但妈妈无意间说出的"熬出头""完成任务""为了你，我付出了很多""我牺牲了我的事业"等这样的话，只会增加孩子的不安全感和愧疚感，让孩子无法分辨出妈妈是否爱他，因此而心生不安，郁郁寡欢。另一方面，妈妈对孩子来说是有权威的，孩子非常相信妈妈说的话，他们容易因为妈妈的话将自己当成家庭的负担，产生迫切想要逃离的想法。

"爸爸妈妈一点都不爱我，我想离家出走，走得远远的，省得他们总是嫌我是个累赘。""我偷偷把高考志愿改成了坐火车要将近两天才能到的一所学校，虽然那个学校没什么特别吸引我的，但至少它离家远。他们不是想甩掉包袱、想熬出头吗? 那我就索性走得远远的，正好称了他们的心意。"很多妈妈听到孩子这样的心声，感到吃惊、伤心、愤怒，不理解为什么自己辛辛苦苦地把孩子拉扯大，得到的却是这样的结果。在责问孩子之前，这些妈妈要先反思一下自己，是否因自己的言行向孩子传递了错误的观念。

比起上班族妈妈，全职妈妈几乎将全部精力放在了家庭和孩子身上，也因此更容易产生自己为家庭、为孩子"牺牲"了一切的抱怨。全职妈妈将自己百分之百的精力放在家庭和孩子上，很容易因家庭事务的不如意而将原因归结到自己身上，进而增加自己的挫败感。

做全职妈妈，心态非常重要，千万不要有"牺牲"的想法，因为这种想法很容易让人心态失衡，生出怨气。教育孩子需要平和的心态，带着怨气是教育不好孩子的，而这种失衡的心态甚至会引发夫妻间的矛盾，影响婚姻的稳定。

为了孩子健康成长，为了家庭幸福美满，全职妈妈也要学会适度从家庭孩子中抽身出来，投身于养花种草、缝纫编织等爱好或是做一份兼职工作，都能帮全职妈妈将自己的精力和情感分散开来，达到内心的平衡状态，兼顾好孩子、家庭和自己。

教育孩子的确很辛苦，需要妈妈投入全部精力，但只要用心体会，你会发现这也是一件快乐的、值得享受的事情。看着孩子一天天长大，妈妈从中收获到的欣慰是他人无法体会的。

当孩子到了振翅高飞的那天，有了自己的事业和家庭，不像儿时那样依偎在自己的身边，"熬出头"的妈妈会倍感失落。所以，明智的妈妈即使有着各种各样的压力，也会甘之如饴地享受孩子带给自己的"甜蜜的负担"，经常告诉孩子他们带给自己的快乐是他人无法替代的。

让孩子感受到你的爱

爱是人的一种基本需要，爱是健全人格的基础。生活中，有的人充满了爱心，知道如何去爱人，与身边人有着良好的关系，他们自己也得到了他人的爱，收获了幸福和快乐；而有的人却缺乏爱的能力，自私、冷漠，对周围人表现出怀疑、敌对的情绪，很难关心、理解他人，却又苛求他人的关爱。后者的性格、心理问题在很大程度上是由于他们在儿童时期缺乏关爱造成的。

心理学研究表明，如果孩子在幼年与父母、抚养人之间缺乏很好的情感交流，他们的情感就很难健康地发展起来。这些孩子在幼年时期常常会感到焦虑，容易发怒，容易发生攻击行为、多动行为等。而这种影响很可能持续孩子一生，导致他们长大以后都很难用良好的方式与其他人进行情感交流和沟通。

我丈夫的同事小何家里有两个儿子——聪聪和明明，哥哥聪聪3岁，弟弟明明1

岁。最近，有一个问题让小何夫妇苦恼不已，那就是他们发现聪聪特别嫉妒明明。聪聪喜欢和明明抢东西，凡是明明有的，他也一定要有，哪怕是他根本不需要的；聪聪总是和明明抢妈妈，妈妈在照顾明明的时候，他也闹着要妈妈照顾；在大人不注意的时候，聪聪会时不时地攻击明明，有时下手还比较狠。他们并不理解聪聪为什么会有这样的行为，只能更加严厉地管教他，结果却导致聪聪的攻击行为更加频繁。后来，他们向儿童心理专家寻求帮助，才知道了原因。

聪聪之所以会有这些行为是因为在明明出生前，聪聪一直是家人关爱的焦点，但在明明出生后，因为明明更加弱小，家人的关注点更多地放在了明明身上，或多或少地忽略了聪聪。这导致聪聪对父母对他的爱产生了不确信，感觉"爸爸妈妈不爱我了"。这种巨大的不安让他对明明产生了强烈的嫉妒，认为是明明抢走了爸爸妈妈对自己的爱，导致聪聪用攻击和破坏等方式来验证爸爸妈妈是不是爱自己。遗憾的是，小何夫妇并没能理解聪聪的举动，在他哭闹，尤其是攻击明明的时候还对他严厉地斥责，这些都让聪聪更加失望，对爸爸妈妈更加不信任，攻击行为也更加频繁。

儿童心理专家建议小何夫妇先对聪聪的嫉妒行为加以接纳和理解，然后反复告诉他"爸爸妈妈和过去一样爱你，只是因为弟弟年龄小，不能照顾自己，所以需要爸爸妈妈多照顾他一点"，并且经常拥抱、亲吻聪聪，当聪聪明白了爸爸妈妈还是像以前一样爱自己，他内心的恐慌就会解除，攻击等行为自然就不会再发生了。

孩子是非常敏感的，妈妈的一言一行都可能对他们产生影响。如果妈妈经常对孩子说"你不乖的话，妈妈就不喜欢你了"，孩子就会误以为妈妈真的不再爱自己了。有时候孩子莫名其妙地哭闹或发脾气，并不是他不懂事，在无理取闹，而是在验证妈妈是不是还在乎自己。妈妈对孩子的爱应该是无条件的，无论孩子有没有犯错，有没有达到自己的要求，妈妈对孩子的爱都不应该减少一分，这样孩子才会安心。妈妈要理解孩子这种没有安全感的心理，给予孩子坚定的保证：无论怎样，妈妈都永远爱你。

在表达对孩子的爱上，重要的不是妈妈觉得自己有多么爱孩子，而是要让孩子能够更多地体验到来自妈妈的爱。有些妈妈对孩子的照顾到了无微不至的地步，她们省吃俭用、节衣缩食，把全部的财力和精力都奉献给了孩子，结果却发现孩子与自己的隔阂反而越来越大。事实上，妈妈对孩子的爱仅仅局限在物质奉献上是远远不够的，亲子之间平等、亲密的交流能够让孩子更多地体验到来自妈妈的爱。曾经有小学生在自己的日记写了这样一句话："我真希望妈妈能经常对我笑笑，能在睡觉前和我说声'晚安'。"没有孩子不渴望与妈妈的感情交流，妈妈不要因为忽视了这一点而让爱的质量大打折扣。

　　奥巴马夫妇会用各种方式来表达自己对孩子们的爱。玛利亚参加球队比赛，或是萨沙排练舞蹈的时候，她们的妈妈经常在一旁关注着她们。晚上，米歇尔经常和女儿一起躺在床上聊天。她的记事本里记录了很多有关孩子的事情，而且她总是和老师保持着良好的沟通。即使日程排得再满，她也要找出时间在家里辅导孩子的家庭作业。在竞选美国总统长达21个月的选战中，奥巴马没有错过任何一次家长会，这是让他感到很自豪的一件事。与家人不得不分离的时候，奥巴马也会在每天晚上给孩子们打电话。孩子们一直能够感受到来自父母的关爱。

　　比起中国的父母，西方的父母似乎更擅长用言语和行动来表达自己对孩子的爱。"我爱你"是他们对孩子最常说的一句话，温暖的拥抱也是他们传递爱意的渠道。

　　孩子需要妈妈的关爱，一声"宝贝"，一句"我爱你"，一个充满温情的眼神，一个鼓励的微笑，一个热情的拥抱……都是妈妈爱的信号。这些都能让孩子感受到自己是被爱的，感觉到自己是"受宠"的，这会让他们的生活充满了幸福快乐，让他们的成长充满了能量，让他们对未来充满了信心。所以，妈妈不要吝啬对孩子言爱，不要疏于对孩子爱的表达。

放纵的溺爱是最不负责任的爱

结婚前，因工作的关系，我曾在我的一个表姐家借住过一段时间。我表姐有一个独生子洋洋，生洋洋的时候，表姐已经30多岁了，所以她对洋洋疼爱有加。在她家中，经常会看到这样的情景：起床的时间到了，表姐走进洋洋的房间："洋洋，该起床了。快穿衣服！"边说，边从衣柜里拿出一条背带裤来。"不要！我要那套黄色的运动服！""好，好，穿运动服。"饭桌上，表姐和洋洋商量："我们星期天去看外婆好吗？""不要！我要去游乐园！""好，好，去游乐园。"出门前，洋洋拎起一双运动鞋要给洋洋穿："洋洋，来穿鞋了。""不要！我要那双会发光的凉鞋！""好，好，穿发光的凉鞋。"

4岁时，洋洋上幼儿园了。可还没过一周，他就哭闹着说以后再也不去幼儿园了。表姐问他为什么，洋洋说："小朋友都不喜欢我。我管他们要玩具，他们都不给我，还笑我是厚脸皮。老师也不帮我。"表姐告诉洋洋："想玩小朋友的玩具，可以拿自己的玩具和他们交换呐，怎么能随便开口向人家要东西呢？"洋洋小脸一皱："才不！我的宝贝怎么能给他们玩？我就是要玩他们的！"

很多妈妈都像我的表姐一样，将孩子照顾得无微不至。甚至很多妈妈通过察言观色来了解孩子有什么愿望，一旦发现，就立即予以百分之百的满足。殊不知，这样正是不负责任的表现。爱孩子，是每个父母的天性，但过犹不及。教育孩子，最怕溺爱。

在溺爱中长大的孩子是很难有所成就的，正如法国思想家、教育家卢梭所说："你知道用什么方法一定可以使你的孩子成为不幸的人吗？这个方法就是对他百依百顺。"

如果孩子从小就在被娇宠的环境中长大，那么他们很可能会变得任性自私、唯我独尊，习惯于依赖他人，缺乏独立分析和判断的能力，遇到问题不懂得反思自己，而是认为责任都在别人身上。而且在妈妈溺爱下长大的孩子柔弱、耐挫折意识和自制能力差。很多青春期的孩子动辄厌学、出走，严重的甚至会自杀，这都与妈妈的娇惯有一定关系。

可以说，放纵的溺爱是最不负责任的爱，因为这样做的妈妈放弃了思考，而让尚没有自控能力的孩子去发号施令。也许孩子小的时候会觉得妈妈这样做对他很好，但当孩子逐渐长大，有了自己独立的思想之后，他会将妈妈的干涉看作是对他的一种禁锢，想要冲破这道禁锢，逃离出去，于是矛盾就不可避免地产生了。而如果孩子的独立意识已经被磨灭的话，那对孩子来说就是更致命的伤害。

看到这里，也许有些妈妈还置身事外，认为自己对孩子绝对谈不上溺爱，那么，不妨看看这些溺爱孩子的典型表现，对比一下自己的日常行为。

第一，特殊待遇。处处特殊照顾孩子，让他在家庭中的地位无形中高人一等：好吃的要放在孩子面前供他一人享用；长辈的生日可以不过，孩子的生日必须有蛋糕吃、有礼物收……这样养成的孩子很可能会变得自私、没有同情心、不会关心他人。

第二，轻易满足。无原则地满足孩子的各种要求，甚至不顾是否会给自己造成沉重的负担。这样养成的孩子讲究物质享受、很难懂得珍惜。

第三，剥夺独立。为了保证绝对安全，不让孩子走出家门，也不许他和别的小朋友玩，更有甚者，妈妈寸步不离地时刻保护。孩子稍微有点闪失，妈妈先惊慌失措、大呼小叫。这样养成的孩子会变得胆小无能、丧失自信，有很强的依赖心理，在家里横行霸道，到外面却胆小如鼠。

第四，当面袒护。家人管教孩子，妈妈马上站出来说话袒护。这样养成的孩子很难形成正确的是非观念，容易性格扭曲，有时还会造成家庭的不和睦。

虽然这几种溺爱方式不是每个家庭全部都有，表现程度也各有轻重，但依然值得妈妈警惕。如果妈妈一意孤行地认为只要尽力满足孩子的一切需要，就能保证孩子幸福健康地成长，那么，这种教育方式势必会使孩子养成不良性格和习惯，直接影响孩子的未来。如果妈妈真正爱孩子，就不要对孩子无原则地溺爱，对孩子一味地迁就，可以将对孩子的爱放在心里，该狠时还是要狠一点儿，要舍得让孩子吃一点儿苦头。

总之，真正伟大的母爱，不是放纵自己不负责任地溺爱孩子，应该是有尺度、有方法的理性的爱，能够保证孩子人格的健康发展，让孩子养成独立生存的能力。

学会对孩子的不合理要求说"不"

有些妈妈在孩子很小的时候就开始让步，经常因为孩子哭闹而心软，违心地满足孩子的种种不正当要求。一些孩子甚至摸准了妈妈的脾气，将自己的眼泪当作要挟妈妈的武器，俨然成为了家中为所欲为的"小暴君"。久而久之，孩子习惯于说话办事以自我为中心，将自己的一切要求都视作理所当然，只要遇到稍有不合心意的事，马上就会摆出一副闷闷不乐的样子，甚至大肆吵闹一番。同时，他们还会将这种我行我素的行事作风带到学校、带到他们的人际交往中。这会对孩子良好性格和人际关系的养成造成极为不利的影响。为了避免这种情况出现，妈妈必须学会对孩子的不合理要求说"不"。

首先，不妨制定家规，预防在先。有章可循会让教育变得简单。任何孩子的行为都可以找到一些基本规律，任性妄为也是如此。与其事后处理，不如事前预防。

妈妈在掌握了孩子的行为规律后,可以用事先约法三章的办法来提前预防。比如孩子总是一出门就哭着要求大人抱,那么妈妈就可以在出门前和他约定好,必须自己走,如果实在累了就歇一会。

其次,拒绝孩子时态度一定要坚决。很多孩子并没有形成清晰明确的是非观,妈妈模棱两可的态度容易让他们觉得有机可乘,于是,他们很可能会用软磨硬泡、死缠烂打的方式求得妈妈的让步。所以,在表示拒绝时,一定要让孩子明确地知道妈妈的态度,这样一来,他们就会打消要挟妈妈的打算。

有时候,对于年龄较小的孩子,妈妈试图说服他们是很难奏效的。当他们固执地坚持自己的要求时,妈妈可以利用他们注意力容易分散的特点,把他们的注意力从他们坚持的事情上转移到其他能让他们感兴趣的物品或事情上。

比如在商场里,孩子一定要买某个娃娃,可是家里类似的娃娃已经有很多了,这时,妈妈不要直接回答买还是不买,可以对他们说:“前面还有更好玩的呢,咱们可别错过了,赶紧去看看!”孩子一般会相信接下来还能看到更好的东西,这样妈妈就可以带着他们边逛、边看、边讲解,他们很容易就会把刚才的娃娃忘掉。对于那些一到去幼儿园的时候就撒泼或是拖拖拉拉的孩子,妈妈可以对他们说:“我们早点过去,到了就可以先玩会儿滑梯了,好吗?”这样,他们的注意力很可能会转移到玩滑梯上,就会愿意和妈妈一起去幼儿园了。

最后,用冷处理的方式表示拒绝。小孩子往往有一种表演情结,妈妈越是在意他们的一举一动,他们就越是想表演给妈妈看。孩子因为一件小事而流泪,如果是故意做给妈妈看的,妈妈就假装没看见好了。他们哭闹一阵之后发现没能引起妈妈的重视,自然也就不再闹腾。因为次数多了,他们自己也会觉得没意思。而如果妈妈对他们的行为表现出心疼或迁就,或者是为了制止孩子而和他们讨价还价,那势必会引起孩子更加激烈的反应。

每个孩子都会提出"不正当"理由，我的孩子也不例外。记得在熙熙很小的时候，有一天夜里，我和熙熙的爸爸正在客厅看电视，突然，才上床睡觉没多久的熙熙"噔噔噔"地从房间冲了出来。她挡在电视前，高声对我们说："我要吃巧克力蛋糕！"

当时天已经很晚了，商店都关门了，当然买不到蛋糕了，即使能买到，我们也不会让熙熙在临睡前吃那么高热量的东西。我们对熙熙解释了半天，而且答应明天再买蛋糕给她。可熙熙什么理由都听不进去，她一下倒在沙发上，还时不时地大叫："蛋糕，蛋糕，我要蛋糕！"

我们被气得不知道说什么才好，但一直努力克制自己的火气不理她。熙熙喊了半天，却奇怪地发现，居然没有人理她。于是，她又开始在地上滚来滚去，哼哼唧唧，还时不时偷眼瞧我们……这次，我和她爸爸更是瞧都不瞧她，反而讨论起了电视剧的剧情。不服气的熙熙又开始了第三轮"表演"，当然，我们还是没有任何反应。

最后，大概熙熙觉得躺在地上"撒泼"实在有些累，还有点儿傻，她默默爬起来，回房间睡觉去了。

当孩子由于要求没有得到满足而发脾气或是撒泼打滚时，在确保他们安全不会出问题的前提下，妈妈可以置之不理，或是采取躲避的方法，暂时离开他们。这时，孩子的反应通常和我女儿一样，会因为自己感到无趣而做出让步。

需要注意的是，妈妈在拒绝孩子的不合理要求后，一定要将理由向孩子充分说明，让孩子明白自己的要求是不合理的，而不是妈妈不愿意满足他。如果孩子听从了妈妈的规劝，没有坚持不合理的要求，妈妈要及时表扬孩子，强化孩子的良好行为。

总之，对孩子的不合理要求说"不"，不仅仅是一个字的回答，也是一种教育策略。妈妈在恰当的时候对孩子说"不"，是爱孩子、关心孩子和引导孩子的一部分，可以帮助孩子养成自立、自律等许多至关重要的品质。

跟"再苦不能苦孩子"唱唱反调

"再苦不能苦孩子",这种思想存在于万千中国家庭,尤其是城市家庭中。现在很多家庭只有一个孩子,家庭中普遍存在孩子的爷爷、奶奶、外公、外婆和父母六个大人关注一个孩子的情形。长辈将所有的关爱都倾注在孩子身上,衣食住行处处以孩子为先,只需要他按照家庭的规划,上好学、读好书即可。这些孩子在养尊处优中度过自己的童年与少年时代,完全不知"苦"为何物。

一次,我去外地参加教学研讨会,在回程的火车上遇到一位姓于的民营企业老总。听说我是教育工作者,他不禁对我吐起苦水:"我是而立之年得子,所以我们两口子和双方老人都把他当眼珠一般爱护。他上的幼儿园、小学、中学都是全市最好的,他的吃穿用戴在同学中也是最好的。我的想法很简单,就是不想让儿子像我上学时那样,因为家境贫困而产生自卑感。他的零花钱从上中学时的每月几百元涨到了上大学时的每月五千元，可还是不够花。"

于先生叹了口气，接着说："除了要钱，他几乎从来不给家里打电话。偶尔我问他大学毕业后有什么打算，他就说'没什么打算，你早就说过公司将来交给我打理，那我还用打算什么？'上学期他有三门专业课亮了红灯，我又气又急，他却满不在乎。我们现在没办法沟通，我说什么他都不爱听，除了要钱他好像也没话跟我们说。"于先生一边说一边不住地摇头，对于自己寄予了极大希望的儿子，他现在非常担心，怕自己辛辛苦苦创下的家业会败在他的手里。

于先生的话让我想起曾经看过的一篇讲述20世纪90年代后期在美国出现的一种所谓"富裕病"的论文。"富裕病"一词由英语中的"富裕"和"流感"两个词合成，是指由于父母供给太多而造成的孩子过度沉溺于物质、缺乏生活目标等后遗症。在中国，很多像于先生一样经历过困苦生活的长辈们殷切地期盼自己的后代过得幸福，尽可能地甚至是透支性地为孩子提供相应的物质条件，也使得富裕病像流感一样在中国蔓延开来。而这造成的后果就是，物质过分富足的孩子无法独自张开羽翼迎接生活中的风风雨雨，一旦父母这把保护伞失灵，他们便惊慌失措，不知该何去何从，只能坐吃山空，甚至因此而堕落败家。

须知，要想让孩子取得成功，不仅要让他们掌握各种知识和技能，更重要的，是要有肯吃苦、敢负责任的精神。

让孩子学会吃苦、学会做人不是一件容易的事，更不是一个简单的过程。在很多发达国家，都很重视对孩子的吃苦教育：在美国，一些州立学校特别规定，学生不允许带一分钱，独立谋生一个星期才能被准许毕业；在瑞士，父母会让成年的孩子到不同语言的家庭去打工，既锻炼劳动能力，又有利于学习语言；在德国，相关法律规定孩子到14岁就要在家里承担一些家务劳动；在日本，"除了阳光和空气是大自然的赐予，其他一切都要通过劳动获得"是父母们教育孩子的座右铭。

那么，妈妈可以从哪些方面对孩子进行适度的吃苦教育呢？

第一，不要过度满足孩子的物质需求。耶鲁大学的教授研究发现：当人的需求与供给刚好对等的时候，满足感与愉悦感是最高的。过多的供给反而会让人比物质匮乏的时候更为失落。哥伦比亚大学也曾进行过相关研究，认为家境富裕的孩子比较容易出现物质滥用、焦虑、抑郁等问题，有些甚至会做出违法乱纪的事。所以，妈妈在满足孩子的物质需求方面，要做到节制有度。

第二，可以让孩子"劳累"一点儿。"衣来伸手，饭来张口"的习惯是首先要改的，可以让孩子学习一些简单家务，增加生存技能的同时，也能对妈妈平日的辛劳有所体悟。

第三，有意为孩子设置一些障碍。困难与挫折对任何人来说，都在所难免。如果孩子走惯了平坦路，听惯了顺耳话，做惯了顺心事，那么，一旦遇到困难，就会不习惯，甚至束手无策。所以，妈妈不妨在日常的生活和学习中，有意识地设置一些困难和障碍，培养孩子的抗挫折能力，使他们知道，任何成功的取得都需要与困难相较量。

第四，对孩子进行适当地批评和管束。没有规矩不成方圆，孩子做错了事，妈妈不要以年龄小等原因为孩子找借口，不能放纵，该批评就批评，而且可以严厉些，让孩子清醒地认识到后果。久而久之，孩子就知道什么能做，什么不能做。

需要注意的是，吃苦教育要循序渐进，设置的障碍应该是孩子努努力就可以承受的。对孩子的一些不良情绪反应，妈妈要有所准备：一般的情绪反应，妈妈可以不加理会，让孩子自己去体验，然后振作；如果孩子情绪反应过度，妈妈要给予温情的鼓励和必要的心理支持，让他摆脱伤心、失望的情绪，及时树立信心。

总之，逆境造人。做妈妈的应该明白，再爱孩子，也要让他适当吃点苦头，这有助于孩子身心的健康发展。

孩子太听话未必好

妈妈们都喜欢听话的乖孩子,在熙熙小时候,或者说在我还是个新手妈妈的时候,我也比较喜欢听话的孩子,不过后来我遇到了一些人和事,让我对所谓的"听话"有了不同的思考。

熙熙在幼儿园曾有过一个要好的小伙伴乐乐。乐乐是个特别懂事听话的孩子,很有礼貌,规规矩矩的,从来不淘气惹事。每天放学回家,他都会把幼儿园里发生的事一件件地告诉爸爸妈妈。乐乐的爸爸妈妈本来很欣慰孩子让自己这么省心,但是随着乐乐一天天长大,他们发现乐乐不像别的孩子那样活泼好动,好像对什么都没有兴趣,大人让做什么就做什么,从来没提出过自己的想法。而且乐乐很胆小,遇到没有接触过的人和事总是躲躲闪闪的。幼儿园里有的小朋友把他的玩具抢走了,他也只是站在那里眼睁睁地看着却不知道该怎么办。乐乐的爸爸妈妈很担心这样的他长大以后没有办法适应社会。

我去幼儿园接熙熙，碰到乐乐的父母时，都会和他们谈谈关于小孩子的教育问题，他们的忧虑让我开始留心观察起周围那些"听话"的孩子。

我的学生小楠也是个听话的孩子。小楠父母都比较严厉，只要是父母说的话，小楠从来都认真执行，不敢不听。在父母的严格教育下，小楠的成绩一直不错，是师长眼中的好学生、乖孩子。小楠上了初中以后，我时不时地会听到关于他的消息，不过他似乎变了个人，不再对父母的话百依百顺了，随时会顶嘴，有时还吵得很凶。据说他学会了抽烟、打架，还经常逃课和同学一起去游戏厅、网吧；父母一跟他讲道理，他就关上门不理睬，甚至夜不归宿。

诚然，几乎每个妈妈都像之前的我一样希望自己的孩子能听从自己的吩咐，少让自己操心，培养一个听话乖巧、从不调皮捣乱的"好孩子"。

可是，为什么乐乐这样乖巧听话的孩子会让妈妈觉得不尽如人意？为什么小楠这样循规蹈矩的孩子会突然变得让妈妈都感到陌生？环顾四周，这样的孩子恐怕不在少数。究其原因，会发现，两个孩子看似截然不同，但造成他们性格缺陷的一个共同原因就是在家长的严格管束下，他们小时候太乖、太听话了。

太听话的孩子从小就被要求做妈妈心目中的乖孩子，在家要听妈妈的话，在学校要听老师的话，生活中听到的多是"听话，不许……""你应该这样……""我让你怎么做，你就该怎么做""看某某多听话，你怎么就这么淘气……"在妈妈长期强加的意志和权威的压服下，孩子学会了看大人的脸色行事，学会了揣测大人的心理。但是，这样的乖孩子真的好吗？

孩子"听话"久了，习惯了按照妈妈的指示办事，一旦失去妈妈的指点，他们就会无所适从，没有自己的独立见解，不敢坚持自己的立场，失去了自我。这样的孩子长大后也是墨守成规、唯唯诺诺、缺乏创新意识。因为习惯性地依赖妈妈，这样的孩子也很难有责任感、不懂得开动自己的脑筋，长大后也很难有所作为。同时，他们难免会将与妈妈相处的方式迁移到与其他人的人际交往中，让自己处在一个人强我弱的位置上，显得比较懦弱。

德国心理学家曾对2～5岁时有强烈反抗倾向和没有这种倾向的各100名儿童进行跟踪观察。结果发现，这些孩子成长到青年期后，前者有84%的人有主见，意志坚强，有独立分析、判断事物和做出决定的能力；后者仅有26%的人具有前者身上的这些优点，而其余的人遇事很难做出决断，不能够独立承担责任。相较于前者，后者真正成为社会精英、业界领军人物的少之又少，他们多在普通劳动岗位上工作。

另一方面来说，过于顺从听话的孩子在妈妈面前不能放松，甚至要说违心的话，做违心的事，他们能不能快乐尚且不提，长期的压抑甚至会导致他们人格产生缺陷，或是产生强烈的逆反心理。这些孩子面对困难和挫折时，很容易心理失衡，产生失落、自卑、抑郁、焦虑等心理问题，甚至形成其他身心疾病。

有些妈妈可能会感到疑惑，不让孩子听话，那孩子岂不是会无法无天？须知，孩子能听进妈妈的建议当然是好事，但他们适度的"不听话"也是天性使然。如果孩子的"听话"是建立在他们有话不敢讲，有想法不敢付诸行动，要看妈妈脸色行事的话，那对他们来说"听话"就意味着一种"压抑"了。

孩子没有好坏之分，只是个性有所不同。听不听话不应该成为区分"好孩子"与"坏孩子"的标准。因为他们首先是一个独立的个体，有获得身体和意志上的自由的权利。事实上，如果妈妈能够尽量理解孩子，倾听孩子内心的声音，那么当妈妈的要求和孩子的内心需求一致的时候，孩子是乐于顺从的。因为这时孩子不是在听妈妈的话，而是在听自己的话。

教育不能照本宣科，
别人的育儿经验未必有效

　　曾有一些孩子被视为成功家庭教育的范本，他们父母的教育经验被写成书也受到诸多妈妈的青睐，但这些妈妈将书中的种种方法应用到自己的孩子身上，却发现处处碰壁，并不成功；还有这样一些妈妈，她们看了不少育儿书，了解了很多教育理论，但是难以消化为己所用，反而被各种理论弄得晕头转向，不知该听谁的；也有一些妈妈经常在网上咨询专家"儿子太调皮怎么办""女儿5岁，该学哪种才艺好"之类的问题，得到解答后没有经过自己的思考和分析就盲目应用，等到发现行不通又再次提问。

　　为何别人的方法自己应用了无法成功呢？答案就是个体差异。世界上没有两片完全相同的树叶，当然也不存在两个完全相同的孩子，即使是双胞胎也有着不同的性格特征和行为习惯，甚至同一个孩子在不同时期发生的同一行为其背后的原因也是不尽相同的，所以教育孩子，并没有放之四海而皆准的教育方法。而上面提到的那些妈妈有个通病，就是自己懒于思考，容易盲从于某本书或某位专家，喜欢生搬硬套书上或别人的经验。

我的同事苏老师不但是一位优秀的教师，而且在家庭教育方面，她也做得非常好。苏老师有一对双胞胎女儿——伶伶和俐俐。虽然姐妹俩是双胞胎，却有着截然不同的性格。姐姐伶伶做事比较优柔寡断，而妹妹俐俐做起事来却很容易冲动。平时，苏老师总是叮嘱伶伶做事要果断一些，不要犹豫不决，而对俐俐则说遇事要多想想，三思而后行。在苏老师有意识地引导下，姐妹俩平时玩的游戏也有所区别。伶伶多玩儿一些需要迅速决断的决策类游戏，俐俐多玩儿一些需要谨慎思考的棋牌类游戏。渐渐地，姐妹俩的性格发展得越来越完善。

对处于成长期的孩子而言，合适的教育方法对孩子健全人格的养成、良好习惯的培养、各种能力的提高非常重要。妈妈在学习教育理论的时候，一定要懂得不能盲从，也不能死守教条。

熙熙小的时候，性格有些内向，不爱和同龄人交往，还总是尽可能地避免与外界接触，这让我很担忧。

为了让她变得开朗些，我经常会在节假日带熙熙去小朋友比较多的游乐园等公共场所去玩，可是熙熙宁愿一个人待着，也不愿意和其他小朋友一起玩。时间长了，熙熙连游乐园都不愿意去了。

那个时候，我周围有很多同事和朋友给孩子报了兴趣班，无奈的我也跟风为熙熙报了舞蹈班，想着舞蹈也许能感染熙熙，让熙熙变得热情开朗起来。但是熙熙去了一次以后，就再也不去了。刚开始，我有些生气，严厉地批评了熙熙，然而事后我发现熙熙不但变得更加不爱说话，而且还老躲着我。于是我决定缓一缓再说，不能把她逼得太紧。

后来，我在无意中发现，熙熙和年龄比她小的孩子待在一起时会比较放松，而且很会照顾小朋友。我思考了很久，给熙熙安排了一个任务——辅导楼上邻居家的小妹妹学习。

熙熙当时上小学二年级，虽然她的成绩不是十分出众，但辅导刚上学前班的小妹妹还是绰绰有余的，而且她很有耐心，讲课方式也很容易让小朋友接受。这个任务恰好可以发挥她的特长。没过多久，又有几个邻居家长来请熙熙帮忙辅导自己孩子做功课。

小朋友们很崇拜熙熙这个"什么都懂的大姐姐"，家长们也很信任她，从此，熙熙自信心大增，渐渐变得开朗起来。

经过这件事，我反思了自己的行为，最初我想用流行的教育方式让熙熙变得开朗起来，但这些做法不但没有奏效，反而给她带来了压力，结果自然适得其反。值得庆幸的是，最终我找到了适合熙熙的切实有效的教育方法。

要知道，没有任何一本书或一位专家的方法可以适合所有孩子的不同情况，能够解决妈妈在教育孩子中遇到的所有难题。培养孩子是一个极具创造性的工作，因为每一个孩子都是唯一且独特的，所以一切他人的经验都只能借鉴，不能照搬。如果硬要用一个固定的模子来塑造孩子，难免会出现"水土不服"的症状。要教育好孩子，妈妈必须要学会独立思考和分析，要根据自己孩子的特点为他创造出一套"量身定做"的教育方法。

认识孩子是一个没有穷尽的过程，孩子在不断成长，他们的需要也在不断变化。无视孩子发展的现实情况而强制执行事先拟定好的"教育大纲"是行不通的，要根据孩子的具体特点，不断进行改变和调整自己的教育方法。在那之前，妈妈先要树立这样一个观念：教育不是按照自己的想法来引导孩子，而是要和孩子一同成长。

Part 2

不打不骂，
先"蹲下来"再沟通

抛弃自己的成见

很多妈妈没有意识到，大人有大人的世界，孩子有孩子的世界，这两个世界是不同的。如果妈妈硬要用大人世界的标准来要求孩子，势必会发生许多亲子关系上的问题和不愉快。孩子虽小，但也有自己的一小片天地，有自己的想法。妈妈想要理解孩子、引导孩子，首先要做的，就是抛弃自己的成见。

一次，我的一位女性朋友对我抱怨，说她读职高的女儿小蕊总是喜欢穿些花花绿绿的T恤和看起来破破烂烂的牛仔裤，这让她很不理解。还说刚才她又看到小蕊在房间里用砂轮打磨新牛仔裤的裤脚，就生气地对小蕊说："我小时候一件衣服哥哥穿完姐姐穿，姐姐穿小了才轮到我，一年到头也难得有件新衣服穿，拿到手里爱惜得不得了。没想到你现在有了这么好的衣服却这样不知道珍惜。真是让人烦心！"可小蕊依旧头也不抬地打磨她的牛仔裤。见小蕊一点都不理解自己的苦心，她气极了，忍不住大声问她："你说你为什么要把好好的新牛仔裤弄成这副鬼样子？"没想到，小蕊竟然理直气壮地对她说："您懂什么，现在就流行这种特意做旧的牛仔裤，这才够时尚。"说到这里，朋友问我："看她那副德行我就生气，为什么好好的衣服不穿，却要穿成这样？你说说我该怎么办？"我建议她先不要急着否定小蕊，并建议她去小蕊的学校去看看。

过了几天，这位朋友给我打电话，说她听了我的建议去小蕊的学校了，到了小蕊的学校，她发现，现在的孩子还真是穿成什么样的都有，看起来比小蕊"惨"的大有人在。等她回到家里，心平气和地对小蕊说："今天我去你们学校转了转，虽然我还是不能理解你和你的同学为什么喜欢把自己打扮成这副样子，但是我想我确实对你打磨牛仔裤的行为反应过度了些。以后想穿什么就穿什么，我不会再过问了。"小蕊有些不敢相信："真的吗？真是太好了！您没骗我吧？""当然是真的，不过，我还有一个条件，那就是和我一起出门的时候你要穿得像样点。"她解释说。看小蕊还在犹豫，她又说："这样做你只需要让步1%，我却要让步99%，你想一想到底谁划算。"小蕊爽快地说："就按您说的办，咱们一言为定！"

听完朋友的讲述，我对她说："孩子不是我们的复刻品，我们做家长的一定要明白，孩子都是具有个人特点，具有自己的志向、智慧和性格结构的独立个体，只有明白了这点，我们才能找到正确的教育方法。"

妈妈在教育孩子时，要丢掉自己的认识框架，即使对孩子做的许多事情无法理解，妈妈也不该显出不屑一顾的样子，因为希望孩子像大人一样思考和行动本身就是不现实的。

妈妈不要总是用成人的眼光看待孩子的问题，要学会抛弃自己对孩子的成见，从孩子的角度、从实际情况出发对孩子进行教育，这样，很多问题处理起来都会更加轻松。

站在孩子的角度看问题

我在一本杂志上读过这么一篇文章：

圣诞节的晚上，年轻的妈妈带着5岁的女儿一起参加公司的圣诞晚宴。她以为这里场面热闹，美食丰盛，还有圣诞老人和礼物，女儿一定会很喜欢，但是女儿一直皱着眉头想要离开，甚至哭了起来。妈妈一开始还能耐心地哄女孩，但多次之后，看到坐在地上，连鞋子都甩掉了的女儿，她的耐性全用光了，火气也上来了。她气愤地把女儿从地上拽起来，训斥之后蹲下来给女儿穿鞋。就在妈妈蹲下来的一瞬间，她惊呆了：眼前晃动的都是大人的屁股和腿，而不是自己刚才看到的那些笑脸、美食和礼物。她立刻就明白了女儿为什么会不喜欢这里。

很多妈妈为与孩子沟通感到头痛，孩子有了秘密、遇到了难过的事情，甚至是有了困难都不愿意告诉妈妈。是什么给亲子交流带来了障碍呢？这个故事就给了我们很大的启示。与孩子交流，首先最重要的就是要懂得用孩子的眼睛来看世界。只有"蹲下来"，妈妈才能理解孩子的感受，才能在真正意义上与孩子沟通。

熙熙从小就喜欢小动物，我们也有意识地支持她自己亲手照顾小动物。一次，我刚下班回见，熙熙就扑过来，一边哭一边告诉我说小白兔死了。看她哭得可怜，我摸摸她的头，说："难怪你这么伤心啊！"熙熙点点头："嗯，因为我和小白兔是好朋友！"我劝慰她："失去好朋友是一件让人特别难过的事情，妈妈理解你的感受。"熙熙抽泣着回忆说："我每天都喂它吃东西，还给它水喝。"我说："是呀，你那么用心地照顾它，不过真的很可惜。也许我们可以问问兽医这是怎么回事。"熙熙停止了哭泣，她想了想，然后认真地对我说："那我一定要去问问。妈妈，那你可不可以再给我买一只小白兔？"

对大多数妈妈来说，相较于小白兔的死，家里家外有更多需要自己操心的事情，孩子因此而哭闹不休，实在烦人。不过妈妈们有没有想过，孩子的世界比成年人小得多，许多对成年人来说微不足道的事情，在孩子看来就是天大的事情。此外，在与孩子沟通时，妈妈往往会要求孩子按照自己的标准来做事情，希望孩子能听自己的话，但是，妈妈为什么不能站在孩子的角度考虑问题呢？当妈妈与孩子都能站在对方的角度来考虑问题，那么，沟通就变得简单多了。

再说回"小白兔事件"，从这件事也能看出，妈妈对孩子情感的认同能够帮助孩子从坏情绪中快速解脱出来，情绪缓和后，他们会很容易采纳妈妈的建议。

站在不同的位置能够看到不同的风景，处于不同的立场也会产生不同的观念。很多时候，妈妈站在孩子的角度，体会孩子的感受既是对孩子的一种尊重，也是实现有效沟通的一种重要技巧。它有助于有效解决孩子的问题，还能够快速拉近妈妈与孩子的心灵距离。同时，孩子也会逐渐意识到也应该学着用妈妈的眼光来理解世界，这样，妈妈的价值观就能够很好地传递给孩子。

孩子的事多与孩子商量

在我经常浏览的一个教育论坛上，有位妈妈会定期发一些有关她儿子的帖子，其中一篇讲述了这么一件事：她带着儿子去法国旅游。一天，母子两人来到法国朋友家做客。热情好客的女主人问客人喝点儿什么，她回答说："随便吧。"女主人又问男孩想喝点儿什么，还没等男孩回答，她抢先说："别管他，我喝什么，他喝什么。"女主人对此很不理解："还是让孩子自己选吧，这是他自己的事。"

男孩想要喝什么本应该由自己选择，这是他的权利，妈妈不应该越权代办。"想要喝点儿什么"只是生活中一件再小不过的事，却反映出了这位妈妈在教育孩子上存在的问题。很多妈妈在生活中成为孩子的"代办者"，从生活琐事到思考问题都代办到底，久而久之，很容易使孩子变得懒惰，形成依赖心理，缺乏自主意识和自理能力。从另一方面来说，随着孩子年龄的增长，孩子的思考能力、认知能力都在提高，在兴趣爱好等方面都有了自己的主见，若是妈妈对孩子的想法横加阻拦，会让孩子在心里与妈妈产生隔阂，从而更加放纵自己的行为，让本来能商量着就很容易解决的问题变得更加棘手。所以，妈妈应该做到与孩子有关的事要在充分尊重孩子的前提下与孩子商量，达成共识。那么，具体来说，有哪些方面需要注意呢？

首先，要尊重孩子的感觉。孩子有自己的想法，也许他们的想法是幼稚的，甚至是错误的，但妈妈不要轻易加以否定，要尊重孩子的感觉。

我带熙熙去商场买衣服。熙熙看中一件印着动画片《海贼王》中的一个角色——乔巴的外套。我上前摸了摸，觉得做工不是很好，就和熙熙商量买另外做工好的一件。熙熙很不乐意，我耐心地跟她说："这件质量明显比那件好，价格还更贵呢！"可是熙熙说："这件虽然好，但是没有乔巴，我不喜欢。"

其实，孩子并不一定要买多么高档的东西，他们更注重自己的兴趣所在。就像熙熙喜欢乔巴，其他衣服再好再贵，都没有办法代替乔巴。

其次，商量时要注意语气。与孩子商量时，妈妈要与孩子平等地商量事情的解决方式，这样孩子会觉得自己受到了尊重，能够很快认同妈妈的建议，从而加快事情的处理。需要注意的是，既然打定主意要跟孩子商量，就要用商量的口吻，特别是在孩子犯错的时候，妈妈一定要会控制自己的情绪，千万不要用带有命令的口气，否则会适得其反。因为那样孩子会觉得妈妈不关心他的感受，不尊重他，于是变得更加放纵。

最后，对孩子的合理意见要加以采纳。妈妈要把孩子当作一个真正的商量对象来进行沟通，而不是带着一种可有可无的心态对待孩子的意见；也不要端出长辈的架子，对孩子的意见粗暴否定或冷嘲热讽，要让孩子感觉到，妈妈是重视自己的意见的。当孩子说出自己的看法，妈妈要及时给予反馈。如果孩子的建议有考虑不周的地方，妈妈要给他们讲明有哪些地方需要完善。这有助于孩子思考问题时向全面性和理智性发展。

在我们家里，如果有事情需要大家商量着办，那么在讨论的时候，我和熙熙的爸爸一定会让熙熙参与进来。几年前，我家的新房刚装修好，我和熙熙爸爸去家具城选购家具时也带上了熙熙。家具城里各式各样的家具让我们一时挑花了眼，但不管看哪件家具，我们都不忘问问熙熙的意见。

一个销售人员见我们在征求一个只有七八岁的小女孩的意见，就不解地问："小孩子哪里懂怎么挑家具，这不是多此一举吗？"我告诉他："我们是一家三口，女儿喜欢在沙发上玩，沙发对她很重要，所以当然要问问她喜不喜欢。"熙熙听了我的话，估计是受到了鼓励，她更加积极地参与其中，不但主动参与对家具的评价，还根据我们提供的参考意见跑来跑去地寻找她理想中的家具。后来，我们果然买下了熙熙看中的一组不错的沙发，而且鼓励熙熙说她的眼光很好。

妈妈善于吸取孩子的合理化建议，孩子就会觉得自己在妈妈眼里不再是小孩子了，说的话有分量了，这样就会在更多问题上与妈妈商量。

总之，有了尊重孩子的意识，在孩子的事情上做到与孩子商量，妈妈就能得到孩子更多的尊重与理解，家庭会变得更加和谐，孩子也会更加快乐地成长。

不可侵犯孩子的隐私

为了防止孩子犯错、保护孩子不受伤害，很多妈妈千方百计地想知道孩子每天都在做什么、想什么，有没有交到坏朋友，有没有早恋或网恋。她们认为孩子是自己的，不存在什么隐私，便以保护孩子为名，查看孩子的网上聊天记录、私拆孩子的信件、监听孩子的电话、偷看孩子的日记等，结果往往导致亲子关系紧张甚至破裂。

我发现班上的李宇最近似乎有些烦恼，问他怎么回事儿，他只是摇摇头。几天后，李宇偷偷在我办公桌上放了一张纸。这张纸似乎是他从自己的日记本上撕下来的，纸上的文字是这样写的：

"昨天我和网友聊天，妈妈又进来看我在聊些什么了。她边打毛衣边时不时地看上几眼，待到很晚还不走。真是烦死了！其实我和那些陌生人根本没聊什么，但妈妈还是经常查我。更过分的是，今天放学回家，我发现妈妈竟然私自打开了朋友发给我的邮件！虽然就是些讨论游戏的普通邮件，我还是非常生气，跟妈妈大吵了一架。

"我问妈妈为什么私自看我的邮件，没想到妈妈好像比我还生气：'我是拆了，看了！当妈的看看儿子的东西有错吗？''这是我的隐私！你应该经过我的允许才能看！'这是我第一次跟妈妈顶嘴，妈妈却毫不在乎我的想法：'什么隐私？孩子对父母哪有什么隐私！'

"这样的事已经发生好几次了，我知道妈妈还偷看过我的日记。我一直没有说出来，因为我知道妈妈也是关心我，但这样的做法实在让我无法接受。难道孩子就没有隐私权吗？为什么妈妈就不能坐下来听听我的心事，而非要窥探我的隐私呢？"

发生在李宇身上的事在现实生活中并不少见。虽然有些孩子知道妈妈的本意是出于对自己的爱护，但他们觉得这些行为是妈妈对自己不信任、不尊重的表现，还是会感觉到不愉快。妈妈的这种做法还很容易伤害到孩子的自尊心，给孩子造成沉重的精神压力，甚至让孩子产生敌意和反抗情绪，全方位地封闭自己的信息来防备妈妈，用一把把的锁锁住自己和妈妈之间的沟通之门。

随着年龄的增长，孩子的自我意识逐渐增强，对父母的依赖逐渐减少，渴望得到独立和他人的尊重。同时，随着生活领域的扩大、知识和信息的增多，他们的情感更加细腻，内心变得敏感，会产生许多不愿为人所知的想法，也有了属于自己的秘密。因为感觉到自己的观点已经与妈妈的有所不同，他们与妈妈的心理沟通会明显减少。即使有话想说，他们也是选择把自己的内心感受倾诉在日记里，或是倾诉给亲密的朋友。这时，如果妈妈无视孩子的感受，用强硬手段侵犯孩子的隐私，会带来很多负面影响，甚至产生意想不到的后果。

说到这里，我想起熙熙读小学五年级时的一件事。当时熙熙正在自己房间里写作业，我拿着洗好的水果敲她的房门。过了几秒，熙熙打开房门让我进去，我看到她的书桌上放着一本合起来的日记。

　　"又在记日记啊？"我问熙熙。

　　"是啊，老师说要养成每天写日记的好习惯。妈妈可不能偷看哦！"熙熙谨慎地"警告"我。

　　"没得到你的允许，妈妈当然不会看了。其实妈妈小时候也和你一样每天写日记。不过我只用那种带小锁的日记本，生怕别人偷看。"我一边回忆往事，一边对熙熙说。

　　"那外公外婆有偷看过你的日记吗？"熙熙好奇地问。

　　"没有。他们见我日记本上有锁，就知道我不想让别人看里面的内容，所以也就不看了。其实想想，那时候还挺好玩的，好像一把小锁就能锁住自己的快乐。"我笑着对熙熙说。

　　"这样啊！妈妈，我的日记里也有好多快乐。"

　　"妈妈知道。其实妈妈很希望能分享你的快乐，当然更想帮你分担忧愁。不过妈妈会尊重你的意愿，不会偷看你的日记。"

　　听了我的话，熙熙大方地说："妈妈这么说反倒让我愿意和你一起分享我的日记了。"

　　孩子有自己的思想需求和尊严需求。如果孩子有了隐私，妈妈就应该尊重他的隐私权，并试着走入孩子的内心，与他进行沟通，而不是违背孩子意愿进行窥探。那么，具体来说该如何做才更恰当呢？

　　首先，要给孩子一定的自由空间。孩子不想告诉妈妈的事，妈妈就不要一再追问，更不应该想方设法地知道。妈妈要从心里放心孩子。当孩子感觉到妈妈的坦荡，自然会受到感染，自己也会坦荡起来。因为相信妈妈会尊重自己，有些可以让妈妈知道的事情孩子自然会说出来，而有些不想说出来的事情也知道妈妈不会责怪自己。只有正确对待孩子的隐私，妈妈才能赢得孩子的尊重和信任。

其次，要用平等的身份多与孩子交流，建立融洽的亲子关系。隐私具有相对性，对不信任的人是隐私，对信任的人就不是隐私了。妈妈应关注孩子的情绪变化，多与孩子进行平等的交流，了解孩子的心事，让孩子觉得自己是可以信赖的朋友。这样，孩子会对妈妈产生信任感，愿意向妈妈倾诉自己心中的秘密。

此时，妈妈再给予必要的指点即可。需要注意的是，妈妈一旦承诺为孩子保守秘密，就要严格遵守。如果不慎泄露出去，妈妈一定要及时向孩子道歉，以求得谅解。

最后，要培养孩子的自我教育能力。当了解了有关孩子的一些隐私，如果其中有些不良因素时，妈妈不要大惊失色，对孩子严厉训斥，甚至殴打辱骂。正确的做法是心平气和地与孩子一起讨论道德、理想、人生观、价值观等问题，引导孩子自己分辨是非善恶，悟出为人处世的道理，学会自己解决一些隐私问题。

允许孩子与自己争辩

现在的孩子接受教育较早，对新事物的接受程度也比妈妈要高得多，所以他们判断是非的能力和要求独立的心理也就更强。跟妈妈顶嘴、争辩就是他们表达自己判断的一种特定方式。这与孩子的"不良行为"是不能相提并论的。但由于受传统的教育观念的影响，很多妈妈不允许孩子与自己顶嘴，她们总觉得孩子见识少、不成熟，应该要绝对服从自己，而与自己顶嘴、争辩的行为则是不懂礼貌的表现。

事实上，孩子表达自己的独立判断，不可能像成年人那样委婉和圆滑，所以对于他们顶嘴、争辩的行为，妈妈不要一概斥之为不尊敬长辈、不礼貌，要区别对待。

一位妈妈对我讲述了这样一件事：

一天晚上，她和刚上小学的儿子因为看电视的事情起了争执。"你这样做是不对的。"儿子大声说，"我有看电视的自由！"她恼了，大声斥责儿子："不许看就是不许看！明天一早还要上学，看晚了明天起不来怎么办！"她一边冲过去关电视，一边对儿子瞪眼睛。儿子大吼道："你要打我吗？打我是犯法的，有未成年人保护法！"听了儿子的话，她实在忍不住，一边说"看谁来保护你"，一边朝儿子的小屁股拍了几巴掌。儿子大哭起来，显得十分委屈。

第二天，在送儿子去学校的路上，妈妈为昨晚的事向儿子道歉。儿子也不好意思起来，对妈妈说："妈妈，对不起，我昨天对你说话的时候很不礼貌。"

妈妈这时突然想到，儿子以前从来没有那样犟过，昨晚是怎么了？一问才知道，原来儿子昨天因为字写得好，被老师表扬，作业还被贴在墙上作示范，所以决定奖励自己看一段动画片。妈妈问儿子："那你昨晚怎么不说呢？"儿子说："你一下就发火了，我都没来得及说。"

随着孩子年龄的增长，到了三四岁时，他们的独立欲望就明显增强，不愿意处处被人压制，渴望独立思考和行动。这时，妈妈过多的干涉行为会让他们感到反感，外在表现就是不听指挥、自行其是、跟妈妈顶嘴。到了七八岁的时候，这种顶嘴的行为就会越来越多。如果妈妈总是报之以盛气凌人的强硬态度，不给孩子解释的机会，也不给已经知道爱面子的孩子留自尊，那么只能是让自己与孩子的距离越来越远。只有改变这种传统观念，妈妈才能与孩子很好地沟通。

不允许孩子顶嘴、争辩，这看起来是一种管教态度，实际上是教育思想和理念的反应。事实上，孩子敢与妈妈争辩是件有益的事。德国心理学家安格利卡·法斯说过："隔代人之间的争辩，对于下一代来说，是走上成人之路的重要一步。"

争辩能帮助孩子变得自信和独立，养成实事求是、以理服人、平等公正的好品质。孩子能从争辩中感觉到自己受到重视，知道怎样才能贯彻自己的意志。一旦争辩获得"胜利"，他还会意识到妈妈并非总是正确的。这无疑会让孩子获得一种成就感，既有了估量自己能力的机会，同时也锻炼了意志力。而且争辩有利于妈妈和孩子沟通思想，双方可以通过争辩达成共识，找到解决问题的办法。如果妈妈通过与孩子的争辩发现自己的教育方法有不妥之处还可以及时调整。

当然，允许孩子争辩，并不是说可以让他们随心所欲、无理取闹，争辩是在讲道理的基础上进行的。妈妈要克服自己唯我是从的单向说教的思维定势，允许双向交流的存在。当孩子与自己争辩的时候，不要觉得丢了自己的面子，担心孩子不听话，不尊重自己。孩子也是讲道理的，在与孩子争辩的过程中，如果他们觉得妈妈是讲道理的，他们会更加尊重妈妈、信赖妈妈。妈妈要求孩子做的事，如果是通过争辩让孩子明白的，那么他们会心悦诚服地去做。

总之，明智的妈妈不会把自己的意志强加在孩子身上，而是为孩子创造一种平等、宽松的氛围，给予孩子更多的发言权。

为自己的错误真诚地向孩子道歉

人无完人，妈妈不可能每件事都做得正确。做错事情就要道歉，可事实上，很多人，包括很多成年人都做不到这点。

上小学的时候，熙熙喜欢唱歌，所以我在区少年宫给她报了声乐班。一天，到了去少年宫上课的时间，我催了熙熙好几次，可熙熙还是一直在低头摆弄她的拼图。眼看就要迟到了，我有些生气，走过去抓起她面前的几块拼图扔进了垃圾桶里。熙熙委屈地看了看我，想要说些什么，但还是沉默着换了鞋，跟我出门了。

路上，我忍不住又批评了熙熙几句："不是不让你玩拼图，但是你不该因为贪玩耽误了上课。"熙熙听了，小声说了句："我就是想把它们放回盒子里，好下次再玩。"我听了，虽然有些后悔自己刚才的做法，但还是没有说什么。

过了几天，我的一个朋友带着她儿子来家里做客。男孩比熙熙大2岁，和熙熙一起玩玩具的时候不但不爱惜玩具，还把玩具到处乱扔。而熙熙却能做到每玩完一件玩具就随手放回原来的位置，还不断把男孩弄乱的玩具摆放整齐。

朋友见了，问我："熙熙一直这么有条理吗，你是怎么培养的？"朋友的话让我有些得意："熙熙很小的时候，我就为她准备了专用的玩具架和整理箱，还为她示范该怎样摆放玩具。久而久之养成习惯，现在每次玩过玩具后，她都能自觉地把玩具归位。虽然她的玩具很多，但是因为每个玩具都有自己的位置，所以一点儿也不会乱。"

正说着，我猛然间想起自己扔熙熙拼图的事。当时熙熙为了把玩具归位耽误了时间，我却因为心急误解了熙熙，不光责备她贪玩，还把她心爱的拼图扔进了垃圾桶。这让我感到有些难过。朋友带着孩子离开后，我走到熙熙面前，为误解她的事郑重地向她道歉。

有些妈妈为了维护自己的面子，做错了事还故意摆出架子不向孩子认错，或者找个理由为自己开脱。这实在不是明智之举。如果妈妈总是为自己的错误"打掩护"，不肯向孩子承认自己的错误，那么孩子就会形成"妈妈虽然看起来是对的，但其实经常犯错"的看法。久而久之，孩子对妈妈提出的观点和要求也会产生质疑，甚至不再重视。那么失去了说服力的妈妈以后再对孩子进行教育时，也就变得难上加难了。

事实上，妈妈在孩子面前犯错后勇于承认并适时地向孩子道歉，不仅不会丢了面子，反而能够赢得孩子的尊重和信任。因为孩子会记住妈妈是如何勇敢地对待自身缺点的，这种勇气与坦率会鼓励孩子勇于为自己的言行负责，做到知错能改。那么，妈妈在向孩子道歉时需要注意些什么呢？

首先，道歉要直接。错了就该当着孩子的面及时、直接地道歉，拖拖拉拉、支支吾吾、拐弯抹角是不行的。有些妈妈选择以信件的方式，或是让孩子的爸爸帮忙转告来表达歉意，这些都是很难获得孩子的认可的。因为这种方式会让孩子感觉道歉来得太迟、太缺乏诚意，自然也很难起到好的教育效果。但如果孩子能感受到妈妈率直且不扭捏的道歉，孩子将来也很容易大大方方地承认错误。

其次，道歉要真诚。道歉不是只说句"对不起"就万事大吉了，妈妈一定要让孩子感受到自己的诚意，要让孩子体会到自己犯错后歉疚的心情。妈妈向孩子讲明自己犯错的原因，由心而发地向孩子道歉，才能收获孩子的谅解，从而化解与孩子之间的矛盾。

最后，不要随便向孩子道歉。有些妈妈似乎有随时向孩子道歉的习惯，孩子不爱吃饭、上学迟到、生病不舒服……妈妈都认为是自己的原因导致的，而频繁地向孩子道歉。这种不管发生任何事，妈妈都把责任揽在自己身上的做法，非但不能建立良好的亲子关系，反而会让孩子变得愈发骄纵任性、缺乏责任感。所以如果妈妈没有什么不对，千万不要动辄对孩子说"都是妈妈不好"。

总之，为自己的错误真诚地向孩子道歉可以明确表达出妈妈尊重孩子享受公平对待的权益，可以架起亲子沟通的桥梁，是妈妈与孩子维持情感的良方，而且是妈妈应该为孩子做出的正确的行为示范。

一句不经意的话可能影响孩子一生

我外婆的邻居家有个比我小几岁的女孩，名叫小福。小福性格很活泼，每当我到外婆家去玩儿的时候，小福都会跑过来和我玩儿。

小福很聪明，从小就表现出了过人的才华，也喜欢把自己的收获与别人分享，但小福的妈妈很不喜欢她这么做，觉得这是骄傲自大的表现。小福曾给我讲过这么一件事：一次，小福读完了一本对当时的她来说很难懂的书，高兴得高声欢呼起来。她的妈妈听见了，皱起眉头教训她说："读书是件再平常不过的事，你用不着那么高兴！你以为只有你有这个本事吗？哼，你太骄傲自大了！"妈妈越说越恼怒："不要觉得自己是个了不起的天才。我可以告诉你，你还什么都不是！"说完这些，妈妈丝毫不顾小福的感受，转身离开了。

这件事对小福的影响很大，小福说就是从这以后她的自信心几乎被摧毁了。小福妈妈的话让小福变得很自卑，觉得自己"什么都不是"，这让她之后的人生之路走得一直不是很顺。

其实在日常生活中，类似的情况是十分常见的。

最近，我们教研组新来了一个刚毕业的大学生晓云。晓云家离我们学校非常近，骑自行车用不了15分钟，不过晓云上下班都坐公交车。大家都觉得有些奇怪，因为从她家到学校没有直达的公交车，中途需要倒一趟车，若碰上交通阻塞，要比骑自行车还慢。

后来，我和晓云熟悉起来，闲谈时我将自己的疑惑提了出来，晓云便将个中原因告诉了我：10岁时，晓云看到自己的朋友和同学都开始学骑自行车，自己也想学。她练习得很认真，也吃了不少苦，经常连人带车摔倒在地。晓云的爸爸脾气很暴躁，在旁边帮她扶车，一见她摔倒就着急上火，大声地训斥她"笨蛋""没出息"。在爸爸的骂声中，晓云非但没有进步，反而越来越胆小，到后来，连跨上自行车的勇气都没有了。

晓云最后说，爸爸的呵斥让她对学骑自行车充满了恐惧。虽然后来她也尝试过几次，但心理上的障碍让她每次都无功而返。最终，她也没能学会骑自行车。

这些家长或许是出于无意，甚至是出于善意说出这些话的，但他们想不到，自己不经意间的一句话对孩子产生了足以持续一生的影响：小福妈妈的冷嘲热讽将自卑灌输进了小福脆弱的心里，让小福认定自己"什么都不是"；晓云爸爸的无端斥责对晓云幼小的心灵造成巨大伤害，让她再也没能学会骑自行车，或许一同毁掉的还有她的乐观和自信。

对孩子来说，家长是非常有权威的，家长只需要一句话，就可以让孩子有被否定的感觉。一些家长没能意识到这一点，情绪不好时就会随口说出"你怎么这么笨"之类的话。这些消极的没有逻辑性的蔑视的话会对孩子产生不良的负面暗示，孩子听到后会产生"自己再努力也没用"的感觉，自信心受到严重伤害。有些极端的孩子甚至会产生自尊受到伤害的感觉，对生活失去信心，进而走上难以挽回的错误道路。

刚上小学的时候，熙熙的学习成绩挺不错，只是数学成绩不太好。也许是因为小孩子的自尊心比较强吧，熙熙对自己的数学成绩很是苦恼，生怕跟不上其他同学。一天晚上，我照例拿着洗好的水果敲开熙熙的房门，那时，熙熙正坐在书桌前做数学题。看到她做题时紧皱的眉头，我随口说了一句："现在数学成绩不太好，并不代表你学不好数学，只是你还没有找到适合自己的学习方法而已。"就是这再简单不过的话，让熙熙看起来放松了一些。也就是从那天起，我发现熙熙再也不因数学成绩而过于苦恼了。心态变轻松了，之后又找到了合适的学习方法，熙熙的数学成绩自然也提高了。

其实就连我自己也没有想到，不经意的一句话就解决了长久以来困扰熙熙的问题。与听到对自身的否定带来的效应相反，如果孩子的能力得到认可，他们就会产生将这种能力加以发挥的心理。对孩子来说，得到自己敬仰的人的认可产生的效力更是巨大，而父母，正是他们所热爱和敬仰的人物。

曾获直木奖、菊池宽文学奖、紫式部文学奖的日本女作家佐藤爱子在27岁前还与文学没有任何缘分，问及如何走上文学之路，她这样回忆：小时候的她并不爱好文学，也几乎从来不读小说，之所以后来会对文学产生兴趣，完全是因为一次她父亲看了她写的信后，随口说的一句"这孩子写的东西很好"。"这句话成了我的支柱。"佐藤爱子这样说道。

有时候，家长随口说出的一句话甚至能改变孩子的一生！作为妈妈，必须要意识到这一点，不要因为一时口误或是一时气愤，毁了孩子终身的幸福，让孩子失去了希望和憧憬。

对孩子抱有积极的期望

教育孩子，光靠管束和告诫是行不通的。孩子是敏感的，青春期的孩子更加敏感。他们很在意自己最亲近的人怎样看待自己。有些家长在孩子很小的时候就过早地为孩子贴上了"胆量不足""能力有限"等负面标签，对孩子的缺点大加指责。这种环境下成长起来的孩子往往会有一种自我否定感，是很难树立起勇气和自信的。

有一次，我外出办事时认识一位女士，这位女士的儿子笑羽现在正在美国一所著名大学中深造。我请她给我讲讲她是如何培养出这么优秀的孩子的，这位女士便打开了话匣子。

她第一次参加笑羽的幼儿园家长会，会后，老师对她说："你儿子在板凳上连3分钟都坐不住，我们怀疑他有多动症，你最好带他去医院检查检查。"回家后，儿子问她："妈妈，老师表扬我了吗？"她回答说："老师表扬你了！说我们的小笑羽原来在板凳上连1分钟都坐不住，可现在已经能坐3分钟了。整个月亮班只有笑羽进步了。"那天晚上，笑羽竟然吃了两小碗米饭，而且没让人喂。

笑羽上小学了，第一次期末考试后开家长会，老师对笑羽的妈妈说："全班45名同学，这次考试你儿子排在43，我们怀疑他有学习障碍，你最好带他去医院检查一下。"回家的路上，她哭了，但是当她回到家里，她满怀欣喜地对正在做作业的儿子说："各科老师都说你很聪明，他们都对你充满信心。班主任老师对我说，只要你能细心些，你就会超过你的同桌的。"第二天，笑羽到学校的时间比平时提前了很多。

笑羽上初中了，又一次的家长会上，她有些忐忑地等着老师点儿子的名字，但老师只是告诉她："你儿子现在的成绩考重点高中有点危险。"她满怀欣喜地走出校园，这时，她发现儿子正在校门口等她。路上，她挽着儿子的胳膊，一脸骄傲地对儿子说："你的班主任说了，只要你努力，很有希望考上重点高中。"

高考过后，笑羽被国内一个名牌大学数一数二的专业录取了。他拿着大红色的录取通知书从学校回来，将它交到她的手里，哭着对她说："妈妈，我知道我不是个聪明的孩子，可是，这个世界上有你一直在欣赏我、鼓励我……"

"其实现在，让我感到骄傲的不是笑羽在美国的名校中深造，而是他已经成长为一个自立又自信的男子汉。"这位女士最后说道。

如果没有人对孩子的能力表现出肯定，孩子很可能会怀疑自己、否定自己。而受到妈妈赏识的孩子则不同，他们会提高对自己的要求，发挥出自身巨大的潜能。上面这个优秀男孩的成长经历就印证了心理学上的皮格马利翁效应，即他人的热切希望有可能使被期望者达到期望者的要求。妈妈对孩子的"热切希望"能够使孩子的状态随之发生变化，由消极怠惰转为积极进取，由抑郁自卑转为乐观自信，从而向更好的方向发展。

人无完人，妈妈在教育孩子的时候，应该让自己多具备一些伯乐精神。很多妈妈虽然已经知道了积极的期望会为孩子的健康成长带来积极意义，但是仍然有这样的困惑："孩子身上好像找不出什么优点，又有哪些地方值得自己产生期望呢？"

我们学校四年级有个学生名叫小爽，她长得不怎么漂亮，看起来也没有多可爱。她的脸黑黑的，头发枯黄，个子矮小。小爽的学习成绩也很一般，一直在中下游徘徊，没有任何一门功课有特别值得称道的地方。不但在学校里小爽是个最不起眼的孩子，而且在爸妈眼里，小爽也实在太平凡了，甚至有些平庸，让他们连一个夸奖的机会都没有。他们几乎对小爽失去了信心，而且毫不掩饰自己的这种情绪。每当小爽不小心做错了什么，他们的反应都惊人的相似："真怀疑你是不是我的女儿，你怎么总是这么笨手笨脚，长大了肯定没什么出息。"这样的话，小爽已经听过无数遍了，她现在变得越来越胆小，不论什么时候看到她，她总是给人一种畏畏缩缩的感觉。

爱并接受自己孩子真实的一面，是每个家长最难做到的事情之一。有些家长总是纠结于孩子身上那些自己视为缺点的东西，或者力求打造一个完美的孩子，一旦现实不如自己心中所想的那样，就把所有的怨气都撒向孩子。也许小爽的长相一般，但她有着善良的心灵；她的成绩一般，但她一直很努力；她偶尔会犯错，但错误中也不乏创造的火花。只要妈妈抛弃苛刻、挑剔的眼光，留心观察，就会发现她身上的无数优点。如果妈妈能告诉她，自己有多么欣赏她身上的这些优点，那么，她也会越来越自信，想要通过努力实现妈妈对自己的期望。

用积极的态度期望孩子，孩子就会朝积极的方向改进。所以，每位妈妈都要对孩子有一个好的期望，而且要将这种期望通过言谈举止传递给孩子。多说鼓励的话，多用赞许的眼神抚慰孩子，多拍拍孩子的肩膀给他鼓励，这些积极的外部信息能够让孩子看到自身的进步，让他们肯定自己，从而激发出他们蕴藏的巨大潜能来。

要对话，不要训话

　　妈妈在教育方式上不肯用心，只是发号施令、训斥，或是凭一时的喜怒哀乐赞扬或批评孩子，孩子也许会暂时被妈妈的威严吓住，表现得很听话，但当孩子再长大一些，妈妈的这种做法就很难奏效了。数落孩子的不是，这种做法偶尔一两次会让孩子有羞耻感，但如果经常这样，孩子就不会再把它当回事，甚至可能会把错误当成荣耀，把调皮捣蛋当成本事。日本教育家池田大作说过："尊重孩子的人格，孩子便学会尊重人。"

　　孩子最初受人尊重的感觉是从妈妈那里得到的。妈妈要懂得尊重孩子，当孩子得到尊重，他们就会把自己当回事，也把荣辱当回事，从而知道做事要考虑后果，懂得约束自己。总是训斥孩子的做法只能导致孩子越来越不听妈妈的话，与妈妈越来越对立。

一位妈妈对我讲起她"屡教不改"的儿子剑剑。在剑剑妈妈眼里，剑剑是个特别淘气的孩子，有时候，剑剑妈妈甚至觉得剑剑是在故意和大人过不去：让他好好吃饭，他偏要先看完动画片；让他认真学习，他却在那里磨磨蹭蹭混时间；让他不要在学校惹事，可隔上几天她就会被老师"请"到学校去；让他放学后早点回家，他就想方设法找借口在外面玩，而且还一玩就忘了时间，很晚才回家……"你就不能听话一次吗？""快点，给我滚回家写作业！""再记不住，就把这个单词给我写100遍！""再和同学打架，我非让你爸揍你一顿不可！"这类的话剑剑妈妈不知对剑剑说了多少，可就是不起作用。有时候剑剑被爸爸打怕了，也会收敛一点儿，但过不了多久，就又恢复"常态"了。看着"屡教不改"的剑剑，妈妈真是头疼。

很多妈妈教育孩子的方式与剑剑妈妈一样，采用的是权威式的家教，认为教育孩子靠的就是命令和要求，从剑剑这里我们就可以看出，效果并不好。聪明的妈妈在教育孩子的时候会用心平气和的对话方式，通过阐述道理让孩子心悦诚服，而不是一味简单粗暴、咄咄逼人地训斥。用对话的方式解决问题既可以增加妈妈与孩子之间的相互理解，避免家庭中一些无谓的争吵，还能让孩子从中学会该怎样与人相处。在这样的家庭里，孩子会觉得妈妈是自己的朋友，而不是高高在上的权威。

"与其用命令的方式对孩子指东指西，不如蹲下来好好和孩子说话。"能够生活在平等、民主氛围下的孩子是幸运的，那么，妈妈需要从哪些方面做起，为孩子创造一个可以平等对话的家呢？

首先，建立良好的家庭沟通氛围，给孩子尽情表达的机会。妈妈要改变自己是决策人、孩子是接受者这样僵化的家庭角色的分配，要在家里建立一种积极健康的交流关系，把孩子看作一个独立的个体，给孩子足够的机会尽情表达自己的想法，并给以足够的理解。同时，妈妈要避免说任何可能伤害到孩子感情和自尊的话。否则，孩子会对妈妈存有戒心，不再愿意向妈妈敞开心扉。

其次，不强求孩子的观点与自己完全一致。在与孩子对话的过程中，妈妈应当做好准备，接受孩子与自己观点不一致的情况。对不能认同的观点，妈妈不要一棍子打死，完全否定孩子的想法。妈妈要尊重孩子的自我反思能力，给孩子思考的机会。因为如果只是简单要求孩子接受妈妈的意见，孩子是不会开诚布公地与妈妈交流的。妈妈可以先阐述清楚自己的立场，接着可以说："这是我的看法，但你有权利按照你的思路去想问题。不用急于做决定，你可以再想想看，或是再征求一下别人的意见。"这类开放的话语有助于与孩子建立良好的关系。

如果孩子已经认识到自己的错误，妈妈不要反复向他订正，这容易引发孩子的逆反心理，导致他更加顽固地坚持自己的看法，不肯屈从于妈妈的说教而改变初衷。

最后，注意与孩子说话时的语气。遇事要与孩子商量，不要自己武断决定。比如看电视时想调频道，要先跟孩子商量："儿子，我们换一个节目看看好吗？"有些妈妈在家里总爱摆出架子，对孩子呼来唤去，经常用命令的口气对孩子说话。如果总是简单生硬地命令孩子"别碰那个花瓶！""给我把窗户关上！""星期天不准出去玩！"妈妈会逐渐发现孩子慢慢不吃这一套了，变得将妈妈的命令当成耳旁风。

因为妈妈一旦向孩子发出了命令就意味着孩子必须服从，而这种命令的方式没有为妈妈留下回旋余地，如果孩子不听话、妈妈让步的次数多了，孩子就会觉得不听妈妈的命令也没什么，不利于对孩子进行教育。比如，与其命令正在看电视的孩子"快去给我写作业！"，就不如"这动画片真好看啊，可惜时间不早了，你该写作业了，这样才不耽误睡觉。要不你再看10分钟，然后就去写作业，好吗？"这种说法既让孩子感觉到自己受到了尊重，又为妈妈留下了余地，不至于因为孩子暂时的不听话让妈妈为了维护自己的威严而与孩子大动肝火。

总之，不能强求孩子，妈妈要改变自己的教育方式，用对话，而不是训话的方式来赢得孩子的理解，实现有效沟通。

做善于倾听的妈妈，
引导孩子多说话

妈妈不应该只是一个担有养育教化责任的长辈，同时，也应该是孩子第一个也是最重要的朋友。对亲子交流来说，倾听与倾诉都是很重要的方式。很多妈妈对于与孩子沟通问题的认识存在这样一个误区，就是认为只要妈妈说的话孩子听了，这就是沟通，但事实上，妈妈在不了解孩子内心想法的情况下与孩子进行的交流，只能是单方面的"输出"，与孩子取得"共鸣"的沟通效率很低，甚至不会起到任何作用。

所以，妈妈要善于引导孩子倾诉自己内心的想法，从孩子的倾诉中，妈妈应该细心地分析出孩子在关注什么，然后有针对性地给予指导和帮助。这既有利于形成良好的亲子关系，也有利于孩子心理的健康发展。

熙熙读初二的时候，有段时间我发现她和平时很不一样，不那么爱说爱笑了，经常一个人坐着发呆。我知道熙熙心里一定有什么事，决定和她好好谈一谈。一天吃完晚饭，我对熙熙说："别急着看书了，歇一会儿。你这几天总是闷闷不乐的，和妈妈一起去公园散散心吧。"

　　一路上，熙熙都没有说话，到了公园的小亭子里，我们两人坐了下来。看着熙熙为难着不知该怎么开口的样子，我对她说："虽然你已经是个大姑娘了，但在妈妈这里你永远是孩子。无论你有什么心事，有什么困难，都可以和妈妈说。即使妈妈不能帮上什么忙，至少也能帮你分担啊。"

　　听完我的话，熙熙把头靠在我的肩上，小声对我说："妈妈，这件事我怕说了您不理解，还会生气。"我笑着安抚熙熙："妈妈也是从你这么大长过来的，有什么是妈妈不理解的。你可以把妈妈当成值得你信任的朋友，说说看，让你为难的是什么事？"

　　熙熙犹豫了一会儿，开口问道："妈妈，你知道我们班长常思远吧？""知道啊，我看过他主持你们的班会，是个很出色的孩子。"熙熙接着说："我是班里的学习委员，和他经常因为班务的事有交流，关系也很好。但是上周他突然和我说他……喜欢我很久了。我真不知道该怎么办，以后还怎么面对他啊？"说到这里，熙熙突然伸出双手抱住了我，还把脸埋在我的肩头。

　　我安抚地拍着熙熙的背，想了想，说："妈妈很高兴你能对我说这件事，妈妈也给你讲讲妈妈小时候的事吧。"熙熙擦了擦眼泪，抬头看着我。"那时候妈妈比你大一些，邻居家的一个男孩经常骑着自行车带我上下学，开始的时候我以为他是受邻居阿姨的嘱托所以才这么照顾我，直到有一天他给我一封信，信中告诉我他喜欢我。我给他的回信中告诉他我一直想要一个他这样的哥哥。后来我们一直是比较好的朋友，他像哥哥那样照顾我。不过后来因为搬家了，所以我们失去了联系。妈妈建议你和他说清楚，做互相帮助、互相学习的朋友很好，但是不能有其他想法。

妈妈相信他是个明理的孩子，能想通的。如果再有什么为难事随时来和妈妈聊聊好吗？别难过了。"听了我的话，熙熙松了一大口气，她抬起头轻轻地对我说："谢谢你，妈妈。"

当时听了熙熙的讲述，说真的，我心里五味杂陈，因为在这之前，对我来说，熙熙还只是个懵懂的小姑娘，突然面对所谓的爱情，我真怕她会无所适从。不过，我相信她对这件事有自己的想法，并且相信她有能力将之完美解决。之所以会苦恼，是因为事情太突然，让她有些措手不及。

这时，熙熙需要的只是我以平等的姿态倾听她诉说自己的苦恼，并给她以温柔而有力的支持。"小危机"就这样轻松解决了，而熙熙从此以后更愿意将她的心里话说给我听，与我分享她的喜怒哀乐。

对妈妈来说，怎样引导孩子倾诉也是一门学问，如果不注意方式方法，孩子很可能"不领情"，甚至"拒人于千里之外"。那么，妈妈该怎样做才能倾听到孩子内心最真实的感受呢？

首先，平等地与孩子交流，得到孩子的充分信任。孩子倾诉的习惯不是与生俱来的，而是需要由环境和气氛来培养。一定不要做让孩子惧怕的妈妈，而是要做让孩子尊敬的妈妈、信任的妈妈。这样当妈妈以平等的心态倾听孩子诉说的时候，孩子才会产生安全感和信任感，妈妈也才能和孩子实现真正意义上的对话，沟通也会变得更加顺畅。

其次，把握与孩子沟通的最佳时间。有时候，妈妈急于询问孩子的情况，急于给孩子讲道理，却忽略了孩子的情绪。也许孩子此时正处于烦躁不安的状态中，根本不想听妈妈的说教。这种情况下进行沟通，自然是达不到效果的。所以，妈妈想要与孩子进行有效、和谐的交流，就要把握好孩子的情绪状态，确定孩子和自己一样，注意力同处在某件事情上，这时才是与孩子进行沟通的最佳时机。

最后，要专心听孩子讲话。妈妈要做孩子忠实的倾听者，就要表现出绝对的耐心来，认真听孩子诉说，不要做家务，关掉可能让自己分心的电视和手机，用眼睛注视着孩子，表示你是真心想要听孩子诉说。

　　唐燕是我参加课改培训时的室友，唐燕有个上幼儿园的儿子小鲁。每天上完课，我都会和唐燕一起聊天，一次，我们两人聊起了倾听的重要性，唐燕给我讲了一个关于她和她儿子的故事。

　　小鲁是幼儿园小班的班长，是个特别爱说话的孩子。每天回到家，他都要给爸爸妈妈讲讲幼儿园里发生了什么事，学了什么儿歌，体操做得整不整齐，早上有谁迟到了……最初的时候，唐燕为了不扫孩子的兴，还能耐着性子听小鲁讲完那些杂七杂八的小事，到了后来，她觉得实在无聊，干脆就一边忙自己的事一边听小鲁在一旁说。

　　一天，吃完晚饭，累得实在不想动弹的唐燕正坐在沙发上看电视，小鲁凑了过来，兴高采烈地对她说："妈妈，今天老师表扬我了，我又得了一个五角星。"唐燕夸他："我儿子真不错！老师为什么表扬你啊？"得意洋洋的小鲁又打开了话匣子："一些小朋友都不知道要保护幼儿园的环境卫生，他们可真不是好孩子，妈妈你说是不是？"唐燕眼睛盯着电视，看也没看小鲁就说："是，不是好孩子。"

　　小鲁接着说："今天我们做游戏的时候，形形和亮亮他们把吃过的香蕉皮扔到地上了。我怕别的小朋友踩到了摔倒，就把香蕉皮都捡起来扔到垃圾桶里了。王老师看到了就表扬我了，还给我加了一颗五角星。妈妈，今天我真高兴，你高兴吗？"唐燕的注意力已经全放在电视剧上了，根本没听小鲁在讲些什么。小鲁抬头看到唐燕目不转睛地盯着电视，根本没听自己说话，就用力地拽了唐燕的胳膊一下，生气地说："坏妈妈，都不听我说话，以后再也不和你好了！"

　　唐燕见小鲁生气了，连忙哄他："宝贝对不起，是妈妈走神了。我保证下次再也不会了，原谅妈妈好不好？"孩子毕竟是孩子，消了气的小鲁马上又开始滔滔不绝起来。有了刚才的"教训"，唐燕开始认真地附和着小鲁的话，时不时地还要发表一下自己的看法。可小鲁又不高兴了："妈妈，我还没说完呢，你就乖乖听着好了，别打断我的话。要是在幼儿园里，老师一定会扣你的礼貌分的。"

妈妈没等孩子说几句话就不耐烦的行为会让孩子将本来想说的话埋在心里，还会伤了孩子的心。让孩子感受到妈妈尊重他，想要了解他，亲子沟通会更加融洽。善于倾听的妈妈能够从孩子的倾诉中感受和把握孩子的喜怒哀乐，了解孩子的真实想法。同时，妈妈认真听完孩子讲话的行为本身也是在为孩子做良好的行为示范。

此外，妈妈在倾听孩子讲话时要暂时将自己的评判标准放在一边，无论对孩子的言语或行为持何种态度，都要先无条件地接纳孩子，将自己的关注点放在孩子的心理上，不仅要感同身受地去体会孩子的心情，更要引导孩子抒发自己的情绪，宣泄他们的喜悦、愤怒、悲伤、不满等。

要听懂孩子的弦外之音

一个周末晚上，忙了一周的我终于能亲自下厨给熙熙做顿好吃的了。当我正在厨房忙得不可开交的时候，熙熙走过来对我说："妈妈，已经是周末了。"

我正忙着切菜，看也没看熙熙就说："对啊，是周末啊，我当然知道了。"

熙熙有点泄气，她接着说："妈妈，你上周不是说……"

"嗯？我说什么了？……"我仍是头也不抬地回答。

其实，当时熙熙是想提醒我，上周答应过这个星期天带她去海洋馆玩儿。不过一听我这么说，熙熙嘟囔了一句"那算了"，转身就离开了。

等熙熙回到自己的房间，熙熙的爸爸来到我身边，对我说："你知道熙熙想说什么吗？"

我摇摇头，说："不知道啊，难道你知道她想说什么？"

熙熙爸爸叹口气，说："刚才电视上播海洋馆的广告，熙熙说要提醒你一下，她怕你忘了要带她去海洋馆的事儿。"

"嗨，是这件事儿啊！"

我心里懊恼极了，忙把手里的菜刀放下，来到熙熙的房门前。敲开门后，我探头向房间里看，熙熙正背对着我坐在书桌前看书。

"熙熙，对不起啊，刚才妈妈忙着做饭。去海洋馆的事儿我没有忘，你放心吧，我已经在网上把票预定好了。"我有点儿忐忑地说。

熙熙转过头，笑了一下，说："没事儿，我知道了。"

我松了口气，不过总觉得熙熙没有刚才有精神了。

英国教育家斯宾塞说过："细心的父母可以发现孩子微妙的变化，弄清楚孩子没有明说的思想感情。这需要的技巧是及时抓住孩子隐藏在内心的思想感情的微小、微妙的线索。"由此可以看出，我还算不上是"细心的父母"。

有时候，出于自尊心或是别的原因，孩子并不愿意或认为没有必要说出自己的想法，但他们又很想让妈妈明白他们的意图，为此，他们会用试探、提醒等方式对妈妈进行暗示，用这种方式与妈妈交流，而让孩子失望的是，很多妈妈不明其意，还有些妈妈嫌孩子小题大做，浪费自己的时间。这会让孩子学会隐藏自己的真实想法，向妈妈关闭自己的心灵之门。

一个女孩的妈妈曾经讲述过这样一件事情：

"我的女儿只有4岁，每次我看书的时候，她总会打断我，不停地想吸引我的注意。她一会儿指着自己的厨房玩具对我说：'妈妈，快看，我给我的布娃娃做饭了！'我常常是应付地点点头：'好，继续玩吧。'可没过一会儿，她又装作不小心摔倒，坐在地上哭个不停，等我把她扶起来……最后我忍无可忍了，躲到楼下的小公园里去看书。直到我听了一个关于亲子关系的讲座，才意识到自己的做法对女儿来说是多大的伤害。"

孩子在成长过程中，渴望被关注，这是一种情感和安全感的需求，对家庭最小的或独生的成员来说，尤其如此。这些孩子原本是家庭的中心，一旦不被关注，就容易出现这个小女孩这样的行为。唱歌、破坏、说谎、装病等，都是孩子通常用来表达自己不想被忽略的信号。

妈妈应该学会倾听这些来自孩子的弦外之音，这样才能真正领会孩子的思想意图，知道孩子在想些什么、要求什么、希望什么。为了做到这一点，妈妈要细心地观察孩子反常的、细微的行为信号，比如孩子的声调、表情、动作等。有些孩子在试探妈妈时，会用眼角偷偷地瞄妈妈，或是抿嘴、低头，或是紧张地搓手，或是揉衣角。这些都是孩子的异常表现，妈妈要提到对这些细节的敏感度。孩子习惯行为的消失也是一大信号，比如不吃饭、不睡觉、不做游戏或是精神不像平时那样集中等。

除此之外，妈妈还要倾听孩子话中字里行间的意思，分辨出孩子想要告诉自己什么，还可以通过提问的方式来弄清孩子的动机。

比如孩子说"我们田老师太讨厌了"，妈妈不要简单地回答："不可以说这种话，老师再讨厌也是老师，作为学生你应该尊敬老师。"这对沟通来说是无效的。此时，妈妈应该意识到一定是老师做了某些让孩子觉得不公平或是讨厌的事了，孩子才会说这样的话。妈妈可以问："哦，发生了什么事，说来听听？""是吗？田老师做了什么让你不高兴的事吗？"当孩子向妈妈诉说了原因，妈妈就能更准确地了解孩子的想法，从而有针对性地教育孩子。在倾听孩子诉说的过程中，妈妈可以用相似的语言不时地总结、重述孩子所讲的关键内容，包括他的感受及其产生原因，还可以猜测孩子的内心感受，并鼓励孩子对自己猜测错误的部分进行纠正。

总之，想要准确理解孩子的弦外之音，妈妈既要做到学会察言观色，又要尽量将自己调整到与孩子同步的心理状态下，去体会孩子的真实感受。

掌握夸奖孩子的艺术

　　中国的家长，尤其是孩子的爸爸，常常不善于表达自己的情感。很多爸爸妈妈从不在别人面前夸自己的孩子，甚至在别人夸奖自己孩子的时候，也自谦地说："哪里，我家的孩子没有你家的孩子优秀！"但他们忽略了自己这些自谦的话会对孩子造成多大的影响。敏感的孩子会因为父亲的话而这样想："原来爸爸妈妈心中的我是这个样子的！我真的很不优秀！"所以，明智的爸爸妈妈要常常夸奖自己的孩子，一定不要吝惜"你真棒！""爸爸为你感到骄傲！"这类话。

　　需要注意的是，一般来说，妈妈用夸奖来肯定孩子的优点、促进孩子继续进步会收到可喜的效果，但夸奖孩子也要讲究方式、方法，否则，也有可能收到反效果。

　　在我居住的小区里，大家都很喜欢活泼乖巧的4岁女孩嫣儿，很多人见到她都会夸奖一番。某天散步时，嫣儿的妈妈对我讲了一件事：一次，嫣儿妈妈的一位朋友应邀到嫣儿家里做客，看到可爱的嫣儿，她不禁称赞了几句。嫣儿听了很高兴，甜甜地说"谢谢阿姨"。过了一会儿，嫣儿妈妈的一位同事来找嫣儿妈妈，因为这位同事急着和嫣儿妈妈说事情，就没顾得上和嫣儿打招呼。这时，嫣儿拿了一个香蕉给先来的客人。当妈妈问她为什么没有给后来的客人也拿个香蕉时，嫣儿振振有词地说："谁让她没有夸奖我。"

嫣儿的妈妈并没有意识到，不适当的夸奖会对嫣儿产生怎样的影响，所以才有了让嫣儿妈妈感到困惑的一幕。为了避免类似情况的发生，妈妈夸奖孩子或对待其他人夸奖孩子，需要掌握一定的方法和技巧。

首先，对孩子的夸奖要适度，在孩子最需要的时候给予夸奖效果是最好的。夸奖太少，孩子会产生欣赏饥渴；夸奖过多，则会让孩子依赖夸奖，或是对夸奖麻木、不珍惜。有些妈妈望子成龙、望女成凤心切，看到孩子稍微取得一点儿的进步就欣喜若狂、赞不绝口。久而久之，必然助长孩子骄傲自满的情绪。而一味地夸奖也容易让孩子变得过分依赖表扬——得到表扬，他们就进步一点儿，一不表扬就又退步，甚至得不到表扬就没有办法正常学习。

孩子如果受到过多的夸奖，自信心就会膨胀，找不准自己的位置。这样的孩子在人格上往往是不完善、不成熟的，心理上也会十分脆弱，很难承受挫折和打击。所以，对于孩子，适当的赏识与鼓励是必要的，但妈妈也要注意千万不要夸奖过了头。表扬不是多多益善，也不能想怎么说就怎么说，需要把握好尺度。

需要注意的是，对年龄比较小的孩子，表扬一定要及时，如果妈妈对他们的良好表现视而不见，很容易挫伤他们的积极性；有时候过度的夸奖反而会给孩子造成心理负担，让孩子变得焦虑、害怕竞争、害怕失败，一旦发现孩子有这种心理，妈妈要及时疏导。

其次，要让夸奖的内容变得具体。描述孩子具体的好行为可以使夸奖具有更长久的激励效果，也就是说，表扬时要"对事不对人"。比如，称赞孩子时用笼统的"闺女真棒""儿子真厉害"，就不如"谢谢你帮我倒垃圾，我很高兴"。这种具体而又针对性很强的夸奖，不仅能让孩子感到愉悦、踏实，还能让他意识到自己该做什么，不该做什么，对自己以后努力的方向更加明确。

最后，不要过多称赞孩子的容貌。

一位女士去外国朋友家做客。见到朋友长得非常漂亮的小女儿，她禁不住夸奖道："多么漂亮的孩子呀，实在是太可爱了！"朋友听了，当时并没有说什么。等女孩离开后，她严肃郑重地对这位女士说："你伤害了我的女儿，应该向她道歉。"

这位女士大惊："我怎么会伤害她呢，我刚刚才赞美了她！"

朋友摇了摇头："问题就出在这里。你称赞她的外表，而外表是父母给予的，与她本人的努力毫无关系。可是现在她还很小，不会分辨，你的夸奖会让她误以为这是她自己的本领，容易把天生的容貌当作值得骄傲的资本。这会影响到她对自己的判断。而她刚刚和你打招呼，递给你水果，这是她自己的行为。你可以为此而夸奖她的礼貌。"

于是，这位女士十分正式地向朋友的小女儿道了歉，同时称赞她很有礼貌。

容貌是父母给的，不是孩子用自己的劳动或努力换来的。夸奖孩子长得漂亮，是在变相地向孩子灌输这样的思想：因为漂亮所以才讨人喜欢。时间久了，会让孩子因容貌自傲，而忽略自己内在品质的修养。所以，妈妈要注意，千万不要让自己或他人对孩子容貌的过度夸奖助长了孩子的虚荣心。

此外，妈妈还可以借他人之口夸奖孩子。每个孩子心里都会有自己崇拜的人，借他们的口来夸奖孩子往往会收到很神奇的效果，即便是他们没有崇拜的人所讲的那样优秀，他们也会朝着那个目标去努力。这样的表扬无异于促进孩子成长的推动器。

永远不要讽刺、嘲笑孩子

一天，保罗在自己家的草坪上教8岁的女儿莫妮卡使用割草机。当他正在指导莫妮卡怎样将割草机掉头时，妻子喊他接电话。保罗转身的一瞬，莫妮卡因为自己控制不住割草机的抖动，把割草机推到了草坪旁边的花圃上，一片花草顿时被夷为平地。

回头看到刚刚发生的一切，保罗非常生气。因为自己花费很多时间和精力，好不容易侍弄出的让邻居们羡慕不已的花圃，就这么被破坏了。怒气冲天的他对莫妮卡吼叫起来："你这个笨蛋！你什么时候才能不做这些让人笑话的蠢事！"

妻子听到了，赶快走了过来。她把手放在保罗的肩上，安抚他说："亲爱的，请记住，我们是在养小孩，不是在养花。"

这个故事很多妈妈都听到过，不过我想，大部分妈妈只把这个故事当作笑话，一笑了之。深入思考后，我们会发现，死掉的花无法被挽救，但是花园还能重新修建，如果让孩子的自尊心和自信心因此蒙羞，这种无法挽回的损失才是真正的遗憾。

"你不是那块料，再学也是白搭。"

"就你那破锣嗓子还想当歌星？做梦吧！"

"你怎么总犯一些低级错误？是你蠢吗？"

"一件事我要重复多少遍你才能记住？你是聋了吗？要不你怎么听不进去？"

"考不到90分，以后你还有什么出息！难道你想留在家里当一辈子寄生虫吗？"

"你是在荒郊野岭长大的吗，怎么这么没礼貌？再不改就从哪儿来的回哪儿去！"

……

有些时候，一些妈妈会因为孩子的失败而觉得自己面子受损，对他们大声呵斥；孩子办了件幼稚的事，也被一些妈妈拿来当作和朋友之间的谈资笑柄。她们把这看作是很平常的事，觉得不说严重点孩子不会往心里去，或者认为孩子是自己的，拿孩子的事开个玩笑也无所谓。事实上，这些有意或无意的举动是非常不明智的，会给孩子的心灵造成难以想象的伤害。

孩子天性敏感，如果他们将那些来自最亲近的人的嘲讽当真，那些话语对他们来说就无异于一把无形的尖刀，会深深地刺伤孩子的心。他们会想，连自己的妈妈都瞧不起自己，还有谁能瞧得起自己呢？即使他们知道那些只是妈妈的无心之语或者只是个玩笑，也会觉得自己的人格没有得到妈妈应有的尊重。而一个习惯以讽刺的态度批评孩子的妈妈，又怎么可能得到孩子真心的尊敬呢？

比起其他场合，妈妈对失败的孩子更容易发出嘲讽。也许讽刺和嘲笑的话是出于一种恨铁不成钢的心理脱口而出的，或者是为了激励孩子故意为之，以为通过这种方式会让孩子更加争气，殊不知，孩子连连挫败，已感到非常失望，最需要来自妈妈的安慰，比起令人沮丧的失败，妈妈的数落、讽刺、讥笑、小看，会让孩子更难过，可能会伤透孩子的心。

如果这样的打击太多，孩子会产生严重的自卑感，甚至完全陷入绝望的境地，长大后会变得畏首畏尾、胆怯、没有自信，结果就真的成了什么事都做不成的"笨孩子"。另一个极端是孩子因妈妈的嘲讽而产生怨恨，耿耿于怀，将这种怀恨隐藏在心底，等到长大后再寻找机会加以报复。

上大学的时候，我曾在电视台做过一段时间的儿童节目编导助理。一次，电视台举办"宝宝才艺大赛"，有个参加比赛的5岁小男孩因为紧张，在演奏小提琴时出现了失误，曲子还没拉完他就哭着跑下了台。小男孩的妈妈非但没有安慰他，反而当着所有工作人员、参赛小朋友和家长的面，气急败坏地指责他："在家还拉得好好的，怎么一上台就全忘了？这么多天都白练了。你可真是够笨的，居然还有脸哭！"

我想，即使这小男孩有拉小提琴的天赋，他以后也难以从中得到乐趣了。相较之下，我见到的另一个妈妈的做法就可取得多了。

蒋家栋是我教过的学生，他的年龄比同年级的同学都要小，不过他品学兼优，深受老师和同学的喜爱。四年级的时候，蒋家栋报名参加了校运会的短跑比赛，结果却得了最后一名。从没遇到过这样的失败，蒋家栋很难过，很长时间过去了，还没从失败的阴影中走出来。

"儿子，还在为运动会的事难过吗？"妈妈问。"是啊，我得了最后一名，太丢人了。""你有没有想过为什么会这样呢？"妈妈说，"你比参赛的其他同学年纪都小，他们比你长得高大，腿也比你长很多。我问过你的体育老师，他说你是同龄孩子中跑得最快的，姿势也很棒。这场比赛对你来说并不公平。妈妈相信，等你到'四年级的年纪'时，一定跑得比他们快。"听了妈妈的话，蒋家栋逐渐不再纠结于自己的"失败"了。

在一些妈妈看来，孩子的成功与否关乎自己的"脸面"，所以，一旦孩子做错了什么或是失败了，妈妈自己先觉得面子上挂不住，不能冷静客观地接受。其实，指责、埋怨甚至挖苦，只能给孩子的心理蒙上阴影，很可能导致他们自暴自弃。

明智的妈妈应该向蒋家栋的妈妈学习，首先要保持平和、坦然的心态，帮助孩子找到问题的症结，用鼓励、循循善诱等方法帮孩子摆脱失意情绪。"其实开头的段落你拉得还是不错的。因为这是你第一次当着这么多老师和小朋友的面表演，所以紧张是难免的，以后再有几次这样的机会，你就会慢慢适应了。"如果拉小提琴的小男孩的妈妈能这样肯定小男孩的成绩，相信他一定能够做到再接再厉。

孩子正处于性格形成期，虽然还不够成熟，却有着强烈的尊严需求。来自语言的伤害不像皮肉伤害，可以一眼看到，正因为如此，有些妈妈往往忽视了自己的言语可能给孩子带来的精神创伤。

殊不知，它比皮肉上的痛楚造成的后果更为严重。即使妈妈的"语言攻击"已经停止，伤害仍然会在孩子内心继续存在，甚至会像一个巨大的阴影笼罩孩子一生。所以妈妈要做到尽量不在任何情况下讽刺、嘲笑孩子，维护孩子的自尊心。

批评孩子也需要讲究方法

看到孩子犯错误，有些妈妈立刻就急了，不分场合和地点地大声训斥；还有些妈妈习惯于把新账、旧账一起算，因为孩子的一点小错就会把陈芝麻烂谷子的事都翻出来晾晾。这些妈妈误以为激烈的方式会让孩子留下深刻印象，从而起到教育作用。但她们忘记了自己教育的是成长中的孩子，忽视了极端方式会给孩子的自尊心带来严重伤害。其实，批评孩子的方式越过火，孩子越反感，不但达不到应有的教育效果，还会让孩子产生强烈的抵抗情绪。

批评孩子，首先不能在有外人在场的时候进行。孩子虽小，也有很强的自尊心和羞耻心，如果被妈妈当众揭短，那么他们的心理防线很容易被击溃。英国教育家洛克就曾说过："父母越不宣扬子女的过错，子女越看重自己的名誉。他们把自己看作是有名誉的人，所以会更小心地去维护别人对自己的好评。如果父母当众宣布子女的过失，让他们无地自容，他们会觉得自己的名誉已经受到了打击，设法维护好评的心思也会越加淡薄。"

批评孩子，也不该拿他们和别的孩子作比较。有些妈妈总喜欢有意无意地拿自己的孩子与其他孩子作比较，一味抬高对方，肆意贬低自己的孩子。这样的行为也许是出于善意，希望通过这样的方式，让孩子更加努力。但这样很容易刺伤孩子的自尊心，让事情发展的结果与妈妈的期望背道而驰。

某次参加教育培训，当讲到"不当的批评对孩子的伤害"时，培训讲师对我们讲述了这样一个事例。

蔷蔷和蔓蔓是堂姐妹，生日只相差几个月。两个人读同一所学校、同一个年级，家也离得很近。她们时常会到对方家里一起写作业、一同游戏。从学校领回期末考试成绩单的这天，蔷蔷又到蔓蔓家玩。蔷蔷骄傲地告诉姊姊，这次考试，她的主科平均分达到了96。蔓蔓的妈妈听了，不住地夸蔷蔷聪明、肯用功。在一旁的蔓蔓听到了两个人的对话，一直没吭声。没想到妈妈还是注意到了她，让她拿成绩单给自己看。

看着蔓蔓不情不愿、无精打采找成绩单的样子，妈妈有些生气了："怎么回事？是不是考得又不好？"看到每科都在80分左右的成绩单，妈妈更生气了："你的成绩怎么总是这么糟？你怎么就不能像蔷蔷一样，次次拿到好成绩？你的学习环境哪点比人家差？你就是太懒！不专心听讲，还不刻苦！整天就知道对着电视唱歌跳舞，真是没出息！"

虽然已经不是第一次在蔷蔷面前被妈妈批评了，但蔓蔓还是很难受。她想说自己这次考试已经比上次进步了，老师也称赞了自己，还想说自己替学校参加市里的文艺汇演得了奖。但蔓蔓最终什么也没说，只是含着眼泪默默回了房间。

蔓蔓妈妈的做法严重损害了孩子的自尊心，而且还会影响到她对妈妈的感情。

人无完人，大人尚且不能将每件事都做得好，为什么要苛求孩子样样都要做得出色呢？事实上，每个孩子都有自己的闪光点，妈妈不应该将关注点全放在孩子的差错上，也不应该只关心孩子的学习成绩。孩子乐观、坚强、助人为乐等品质，都是值得肯定和赞许的。妈妈要勇于承认不同孩子之间差距的存在，不要总拿自己孩子的缺点同其他孩子的优点比。如果一定要加以比较，也应该是将孩子的现在和过去相比，鼓励孩子取得更大进步。

有些妈妈也许会有疑问："孩子自尊心强，难道就不能批评了吗？"当然不是。但是批评孩子也要掌握一定的原则和技巧。

1. 在批评孩子之前，可以先想想孩子有哪些优点，帮助孩子保持积极乐观的态度。

2. 冷静地与孩子进行沟通。妈妈简单粗暴地训斥孩子，孩子原有的惭愧就可能因为被妈妈训而变成了一股怨气，他们的注意力就会全部集中在与妈妈的对抗上，就不会想到要反思自己的行为，妈妈的教育自然也就达不到目的。

3. 批评孩子千万不能使用侮辱性语言。比如"你脑袋里长草了""我真后悔生了你"，这类的话是绝对不能对孩子说的。

4. 不要用"好"和"坏"来评价孩子的行为。这会让孩子理解成妈妈对自己的印象。可以用喜欢或者不喜欢孩子的哪些行为来取而代之，把"你不能做什么"改为"你可以做什么"。比起批评孩子："真是没教养，把胳膊肘从餐桌上拿开！"不如换成这样的说法："咱们家的规矩是吃饭时胳膊不放在餐桌上。"这样孩子比较容易接受，因为这是在说一种行为规则，而不是在批评他。

5. 批评孩子要明确具体。要指出孩子的错误之处和犯错的原因，不要把个别错误夸大成永久性的错误。要让孩子明白错误是可以改正的，而且知道从何处着手加以改正。

6. 不要大声训斥孩子。应该用低于平常说话的声音"低而有力"地教育孩子。这会引起孩子的注意，也容易让孩子注意倾听。

7. 有时候沉默的效果要比采取措施好。做错事的孩子会担心受妈妈责备，如果妈妈的做法正如自己所料，孩子反而会有一种如释重负的感觉，对自己的过错和妈妈的批评也就很难重视起来。但如果妈妈对此保持沉默，孩子反而会觉得紧张，感到不自在，进而反省自己的错误。

8. 给孩子正面选择的机会。比如，"请你温和有礼地对我说话。""你能保证下次不会再用同样的语气对门卫叔叔讲话吗？"

9. 用说明后果的方式代替训斥。比如孩子不小心抓破了小伙伴的脸，妈妈可以这样说："你把小朋友的脸抓破了，还流血了，如果是你是不是会很疼呢？"这种用说明过失的后果代替责骂的做法能够调动孩子的情绪体验，唤起孩子的同情心，让他反思自己的行为，并逐渐改正。

10. 批评孩子，最好一次只解决一个问题，不要几个问题一起批评，让孩子无所适从；也不要翻旧账，让孩子总是惶恐不安；更不要一有机会就零打碎敲地数落，结果把孩子说麻木了，反而无动于衷。

11. 不管什么时候、什么事情，一定要先给孩子解释的机会，让他们把事情的经过说清楚，然后再下结论。不要一看到孩子做了不顺自己心意的事就劈头盖脸地训斥起来。

总之，妈妈要记住，不能简单粗暴地对待孩子，只有细心呵护、给孩子营造出积极的生活氛围，才能让他们形成健全的人格和良好的品质，使他们健康快乐地成长。

学会用非语言因素与孩子沟通

甜甜是个5岁的小女孩，甜甜的妈妈和我是同事。一天，甜甜妈妈带着甜甜到我家里做客，马上就要吃饭了，餐桌上摆放了许多好吃的，甜甜看到那里面有自己爱吃的皮皮虾，就想伸出手去拿。正在这时，甜甜回头看了看妈妈，妈妈微笑着向她摇了摇头。甜甜见了，就收回了伸出去的手，去一边玩了。

语言学家研究表明，人与人之间的沟通只有7％是通过语言进行的，而高达93％的部分是通过非语言方式进行的。在93％的非语言沟通中，有55％是通过面部表情、手势姿态等肢体语言进行的。甜甜的妈妈与甜甜的沟通并没有使用语言，但是甜甜已经领会了妈妈要表达的意思，她们进行的就是非语言沟通。

日常生活中，很多非语言行为都可以作为妈妈与孩子沟通的工具。非语言沟通对孩子来说非常重要，妈妈要能够将语言沟通与非语言沟通结合起来，这样带来的沟通效果会更好。但很多时候，许多妈妈只运用了那7%的语言表达沟通的作用，要知道，妈妈乐此不疲地"唠叨"经常会让孩子感到厌烦。而有些妈妈即使使用了肢体语言，也大多是消极的、负面的。对于敏感的孩子来说，他们能够准确地捕捉到其中的含义，会因为嘲弄的眼神和冷笑的声音而受到伤害。所以，妈妈要学会用积极的非语言因素与孩子沟通，传达自己的爱和鼓励。

那么，具体来说，有哪些主要的非语言因素是妈妈可以运用的呢？

首先是眼神。眼睛是身体器官中最富于表情的部位，当孩子向妈妈倾诉的时候，当孩子想要做某件事的时候，他们往往会看看妈妈的眼神，从中找出妈妈的看法。柔和的眼神代表默许、支持和鼓励；严肃的眼神代表否定和反对。有时候一个眼神甚至比一篇长篇大论更能让孩子接受。妈妈要学会用充满爱意的眼神与孩子实现心灵上的沟通，表达对孩子的关切。

其次是微笑。没有孩子喜欢整天看到一张冷冰冰的脸，也没有孩子希望自己的笑脸换来的是妈妈的无视。妈妈总是板着脸，就意味着断绝了孩子主动倾诉的可能。在教育犯错的孩子时，冷面孔是有必要的，但切记不要让冷面孔变成一种习惯。如果妈妈从不轻易给孩子一个微笑，那么亲子关系会经常处于紧张、矛盾中，孩子很容易变得孤僻、内向，甚至会产生严重的心理问题。微笑是妈妈与孩子之间天然的润滑剂，妈妈的微笑蕴含着真诚与关爱，能够向孩子传达出理解与信任，可以带给孩子信心与力量。孩子自然愿意亲近这样的妈妈，渴望与之沟通，向她倾诉自己的困惑和烦恼。而且妈妈总是面带微笑，孩子耳濡目染，也会微笑着面对生活。

然后，爱抚也很重要。人类皮肤上的触摸感受器对接受刺激有一定的需求，如果这种需求得不到满足，人就会患上"皮肤饥饿"。妈妈的爱抚能够让孩子心情安定，精神放松。研究证实，那些能够经常得到妈妈爱抚的孩子更容易建立起对他人的信任感。这些孩子长大后往往显得性格开朗、自信心强、富有爱心，而且社会适应性也较强。事实上，触摸皮肤是一种直接的关怀方式，它能把妈妈的体贴和爱护无声地传递到孩子心里。在孩子生病难受时，贴贴孩子的脸便能够将妈妈的心疼和担心传递给孩子；在孩子取得优异成绩时，摸摸孩子的头说"你真棒"，要比干巴巴地说一句"做得不错，继续努力"让孩子开心得多；当孩子处于困境时，拍拍孩子的肩膀，他能够体会到妈妈的支持，它带给孩子的力量要远大于那些慷慨激昂的鼓励之词。

美国心理学家赫洛德·弗斯说过："拥抱可以消除沮丧，它能使人体内的免疫系统效能上升，能为倦怠的身体注入新的能量，能让人变得更年轻、更有活力。在家庭中，每天拥抱彼此能加强成员间的关系，并且大大减少摩擦。"

熙熙的爸爸给我讲过这么一件事。一家总是发生这样一件怪事，女主人的狗经常走失，她不得不三番五次地花重金寻找。后来，她发现竟然每次都是自己11岁的女儿偷偷地把狗放走了。女儿见事情败露了，干脆在家里公开宣称：在家里，有狗无她，有她无狗。在家人的再三追问下，女孩哭诉道："妈妈一天到晚只顾抱着她的狗，从来不听我说话，不关心我的学习，更没有抱我一下。我恨那只狗夺走了妈妈，所以要扔掉它。"

对孩子来说，妈妈的拥抱不仅是一个小小的动作，更是来自妈妈的温暖，等同于妈妈在对他说"我爱你"，这对孩子来说是很重要的精神鼓励。经常被妈妈拥抱的孩子，心里会洋溢着甜蜜和温馨，心态更加健康积极，人也更有活力。所以，妈妈不要吝啬，要多给孩子一些拥抱。

此外，亲吻、握手、点头等饱含情感的非语言因素同样也能够给孩子积极的心理暗示，可以对孩子的健康成长产生很大的影响。妈妈要学会适当地运用这些非语言因素，拉近与孩子之间的距离。

善于从孩子的错误中
发现他的优点

生活中，成人都难免会犯这样那样的错误，何况是孩子呢？妈妈对孩子的错误应该分开来看，如果孩子是故意犯错，比如说脏话、乱扔垃圾、虐待小动物等，妈妈要引导孩子学会辨别是非，让孩子知道自己错在哪里，给孩子时间慢慢改正；如果孩子是不小心造成的失误，比如弄坏了玩具、打碎了果盘等，孩子本身就会后悔和内疚，如果妈妈再加以指责，孩子可能会陷入恐惧、压抑和敌视的情绪中，反而不利于他们认识和改正自己的错误，而妈妈的包容、理解甚至宽慰，会让孩子心存感激，反思自己，避免再犯同样的错误。所以，当孩子因为帮忙摆放餐具而打碎了碗，妈妈要告诉孩子："心意是好的，只是下回不要一次拿那么多。"当孩子因为想要知道闹钟为什么会响而拆坏了它，妈妈要告诉孩子："你很善于思考，也乐于探索，妈妈很高兴，让妈妈陪你一起研究吧。"

每个孩子都是在不断犯错误、改正错误的过程中成长起来的，重要的问题不是孩子有没有犯错，而是孩子犯错后，妈妈用什么样的态度让孩子认识并改正错误。智慧的妈妈甚至善于从孩子的错误中发现孩子的闪光点，用赏识的态度帮助孩子改正错误。对孩子来说，这比严厉的批评和打骂更有效。也许有的妈妈会想，错了就是错了，如何牵强地从中找出孩子的优点呢？

陶行知先生是我国著名教育家，他用四块糖教育学生的故事在我国教育界被传为佳话。

一天，一个男孩在学校里用泥块砸自己的同学，陶行知发现后，立即制止了男孩，并让他放学后去校长办公室。

放学后，陶行知来到校长办公室，发现男孩已经一脸忐忑地等在办公室门口准备接受批评了。陶行知从兜里掏出一块糖送给男孩："这是奖励你的，因为你按时来到这里，我却迟到了。"

男孩惊异地接过糖，不解地看着陶行知。只见陶行知又掏出一块糖放在他手里："这也是奖励你的，因为我让你不要打人，你就立刻停手了，这说明你很尊重我。"

男孩更疑惑了，眼看陶行知又掏出第三块糖，对他说："我调查过了，你之所以用泥块砸他们，是因为他们欺负女同学。这说明你很正直，不恃强凌弱，有与坏人坏事作斗争的勇气。"

听到这里，男孩感动地哭了，他满脸懊悔地说："陶校长，您打我两下吧，我错了，我砸的不是坏人，是我的同学呀！"

看着男孩，陶行知欣慰地笑了，他又掏出第四块糖放在男孩手心："为你正确地认识到了自己的错误，我再奖励你一块糖。现在，我的糖奖励完了，我看我们的谈话也该结束了吧！"

男孩犯了错，陶行知先生既没有批评更没有打骂，而是详细了解了孩子犯错的原因，用赏识的心态从错误中发现男孩的优点，并给予赞扬。这种春风化雨的教育方式唤醒了男孩的良知，让男孩主动承认错误，并在内心深处产生完善自己的强烈愿望。相信这个故事一定会妈妈们带来有益的启示。

每个人渴望被别人肯定的心理需要都要远远超过被别人否定的心理需要，而孩子是通过周围人的评价来认识自己、寻找方向、不断前进的，妈妈对他们的评价至关重要。

比起可能让孩子减弱自信、产生畏惧的否定性评价，妈妈的肯定性评价更能让孩子获得愉快的心理体验，更能对孩子产生激励作用。所以当孩子犯了错，妈妈首先要调查清楚事情的起因、经过，寻找孩子在错误中显露出的优点。如果孩子是出于善意做事情，结果却犯了错误，妈妈应该赏识孩子的良好初衷，而不是抓住他的失误不放。当孩子已经认识到并承认了自己的错误，妈妈应该鼓励和肯定孩子敢于认错的勇气。

Part 3

好品质、好心态、好习惯
决定孩子的一生

从小培养孩子的公德意识

遵守社会公德，已成为现代人必备的良好素质之一。社会越发展，公德心的意义越得到突显。只有每个公民都自觉拥有一种公德意识，并严格执行，社会秩序才能得到充分体现。这里讲的公民，是包括未成年孩子在内的一切社会成员。想要树立孩子正面的个人形象，让他在公共场合赢得更多尊重，就不能忽视对孩子公德意识的培养。

首先，妈妈要身体力行，为孩子树立榜样。陶行知先生说过："教人要从小教起。幼儿比如幼苗，培养得宜，方能发芽滋长，否则幼年受了损伤，即不夭折，也难成材。"把孩子从一个一无所知的婴儿培养成一个具有良好社会公德的社会人，是每个家长的重大责任。

孩子的公德意识淡薄，多半与家长的影响有关。孩子的许多不良言行，都是在家长有意无意地影响下形成的。家长不遵守交通规则、随意丢弃垃圾、拥挤不排队、出口成"脏"，又怎么要求孩子长大后会有公德心，会有社会责任感呢？

其次，在日常生活中反复强化孩子的公德意识。公德意识体现在一些生活中的小事上。平时，妈妈要经常告诉孩子这些生活常识，让他们从小知道，哪些行为是有违公德的。听得多了，有了明确的是非观，他们在言行上就会更加自律，自觉遵守社会公德。

一个大风天，我送熙熙去幼儿园。在公交站等公交车的时候，突然一阵大风吹来，一张不知道被谁丢弃的报纸被吹到了我和熙熙面前。看到这张报纸还没脏到不能用手去捡的程度，我对熙熙说："有人不小心弄丢了报纸，要是被风吹到正在行驶的汽车的前挡风玻璃上，那该多危险呀。太脏的垃圾可以留给打扫卫生的叔叔阿姨们打扫，而像这种，咱们自己动手捡起来就可以了。"我一说完，熙熙就松开牵着我的手，走上前将报纸捡起来，丢进旁边的垃圾箱中。

过了一会儿，公交车进站了，有些人看到车来了，便离开队伍往前挤去，等车的队伍变得有些乱。熙熙看到了，有些着急，便也想拉着我向前挤去。我把熙熙拉回来。等我们按照顺序上车后，我对熙熙说："你知道我们为什么要排队吗？排队是一个很重要的社会规则。比如像今天这样等公交车，如果不按顺序上车，大家都挤到车门口，上车的速度会慢，而且人多很容易发生有人被挤倒的事件。不论别人怎么样做，我们都应该遵守公共秩序。"

最后，面对不良现象，妈妈要向孩子表明立场。不良现象，即使没有伤及私人利益，也应该受到批判，因为它损害了公众利益。面对缺乏公德意识的人和现象，如果妈妈态度不明确，甚至大加赞赏，会扭曲孩子的是非观。

一次，熙熙的表姑妈来我们居住的城市出差，她请我们一家三口吃饭。餐厅里，有几位男士落座在非吸烟区，他们一边高谈阔论，一边抽起了烟。熙熙很讨厌香烟的味道，她皱着眉小声问我："他们这样做对吗？"表姑妈说："这是他们自己的事，又没有触犯法律，我们还是别多管闲事了。"

熙熙叹了口气，不再说什么。我看着熙熙，觉得这样做不对，于是站起身走到那张桌子前，对他们说："不好意思，几位先生，这里是非吸烟区，并且有老人和孩子，能请你们把烟熄掉，或者坐到吸烟区吗？"几位男士听了，连忙面红耳赤地把烟熄了。

我回来后，告诉熙熙："现在已经明令禁止在公共场合吸烟，他们的做法虽然没有触犯法律，但显然不合适，还严重影响了其他人。当然，表姑妈的顾虑也很有道理，如果你不方便自己出面，也可以用其他不容易起冲突的解决方式，比如向餐厅的工作人员提出要求。"

公民的公德意识很大程度上决定了一个社会文明进步的程度。好的生存环境需要大家的共同维护，否则，公共生存环境会越来越差。对于辨别能力尚且不强的孩子，家长更要让她们明确公德意识的重要意义。

让孩子拥有博爱的胸怀

我在杂志上读过这么一则故事：

一位女士带着她的女儿走进一家快餐店。她们坐下来点菜时，从门外走进来一个人。这个人能引起她们的注意，是因为他有些特别。他穿着一件很破烂的上衣，微驼着背，缓慢地走到一张又一张还没来得及收拾的餐桌前，仔细地检查每个盒子，寻找别人吃剩的食物。当他拿起一根炸薯条放到嘴里时，女孩对妈妈耳语道："妈妈你看，那个人在吃别人吃剩的东西。"

"他饿了，可是没有钱买吃的。"妈妈低声对女孩说。

"那我们能给他买一个汉堡包吗？"

"我想他只吃别人不要的东西。"

这时，服务员给母女二人送来她们点的外卖食品。女孩突然从餐袋里拿出一个汉堡包，咬了一小口，然后跑到那个人坐的地方，把它放在他面前的餐桌上。

这个乞丐很惊讶，他对女孩点点头以示感谢，然后转身离开了。

一个汉堡包并不值多少钱，但女孩咬了一小口，然后送给了乞丐，这个汉堡包就是无价的了。它的无价之处在于，里面藏了女孩的一颗爱心，一颗善的种子。

对于孩子的个性发展而言，没有比爱和善良更重要的了，这是他们将来能够亲和社会的基础和前提。妈妈不但要为孩子创设一个被爱的环境，更重要的是要让他们学会如何去爱别人。

首先，妈妈要做的是自己拥有一颗博爱之心。家庭是孩子成长的沃土，孩子的性格、品德首先是在家庭中养成的。妈妈是孩子的榜样，一言一行都会对孩子造成影响。所以，要培养孩子的爱心和同情心，妈妈先要以身作则，关爱他人。

其次，可以让孩子在生活中学会如何去爱。生活中有许多琐碎的小事，看起来微不足道，却会对孩子的成长产生重要的影响。妈妈应从身边的一点一滴做起，不失时机地教育孩子。比如：在家里，妈妈可以让孩子倒杯水给满头大汗的快递员叔叔；在公共汽车上，妈妈可以让孩子把座位让给抱孩子的妈妈、腿脚不好的老人等；邻居老奶奶生病，子女不在身边，妈妈可以带孩子去探望，帮她做些事；新闻报道里有需要资助的人，妈妈可以带孩子一起去捐款，献上一份爱心。妈妈要用这些日常生活中我们可以做到的小事来熏陶孩子，让他学会用行动关爱他人。

再次，可以对孩子进行移情训练。比如让孩子把自己痛苦时的感受与别人在同样情境下的体验加以对比，体会别人的心情，让孩子学会理解别人，激发孩子的爱心。

有一段时间，我经常看电视上的一档迷你剧，这一系列迷你剧的演员都不是专业演员，讲的也是发生在普通百姓家中的琐碎小事。我对其中一集印象深刻，剧情是这样的：

大力是个有些大大咧咧的男孩子，不太懂得关心小伙伴。一天，大力的朋友小军跑步时摔倒了，大力却站在一旁哈哈大笑。大力的妈妈看到了，问他为什么不扶小军起来。他竟然若无其事地说："关我什么事？又不是我让他摔跤的。"妈妈决定改改大力这个毛病。

　　没过几天，大力也摔了一跤，把膝盖磕破了。他委屈地告诉了妈妈。妈妈故意轻描淡写地对他说："你自己去社区医院上药。"大力哀求妈妈："妈妈背我去吧。"妈妈毫不心软地回敬他："关我什么事？又不是我让你摔跤的。"大力伤心地哭了。这时，妈妈适时地教育他："受人奚落的滋味好受吗？"大力摇摇头。

　　从这以后，大力逐渐变得懂事起来：小伙伴生病了，他会带着新买的玩具去看他；见到大孩子欺负小孩子，他会主动站出来讲道理。大力的善解人意，让小伙伴们感觉到安全和快乐，大家都愿意和他一起玩。

　　虽然电视剧的剧情很简单，演员的表演也挺生涩，不过我觉得故事编得很不错，编剧应该对家庭教育有一定的心得。可以说，大力的妈妈是个有心人，当她发现自己的孩子对周围的人和事比较冷漠、缺乏同情心时，没有轻视，也没有斥责，而是巧妙地利用移情的方式，及时地引导孩子。

　　最后，可以让孩子把关爱的情绪扩展到人以外的事物上。妈妈可以在家里养些猫、狗、金鱼之类的小动物，或是种几盆花草，让孩子负责照顾，在这个过程中注意激发孩子的爱心，让他们学会体贴入微地关爱生命。

培养孩子的宽容之心

宽以待人是和谐人际关系的有效手段，是社会人必备的良好品格之一。娇生惯养的孩子很容易出现以自我为中心的倾向，表现在人际关系中就是过多地考虑自己的感受而忽略对方的感受，长此以往很可能变得心胸狭窄。

一项针对中小学生的问卷调查显示，关于"你会怎么对待过去欺负过你或严重伤害过你的人"这个问题，29.9％的孩子表示会原谅对方，近24％的孩子表示很难原谅或绝不原谅，其余的孩子则表示可以原谅但不会忘记。从中我们可以发现，现在很多孩子都缺乏宽容大度的品质。而事实上，宽容是一种非常珍贵的感情，它对孩子情感的健康发展以及良好人际关系的建立有着非常重要的意义。

宽容大度的孩子往往心地善良、性情温和、受伙伴拥护，而缺乏宽容心的孩子大多不容易被人亲近，人际关系也往往不够好。所以，培养孩子宽容大度的品质就显得尤为重要，这会为孩子将来走入社会奠定良好的基础。

首先，妈妈要为孩子做出宽容的榜样。接人待物的方式孩子最初是从妈妈那里学到的。妈妈遇事不斤斤计较，能与他人融洽相处，孩子也会学着妈妈的样子处理与他人之间的关系。

一次，单位组织大家去郊区的温泉度假村泡温泉，一位同事带着她4岁的女儿同行。因为小女孩不喜欢泡温泉，同事就自己一个人去泡，离开前她把小女孩交给了工作人员。因为那天去玩的孩子比较多，工作人员一时疏忽，把这个小女孩一个人留在了网球场。同事找到时，因为被吓着了，小女孩正哭得非常伤心，一位满脸歉意的工作人员站在旁边安慰她。

看着哭得惨兮兮的小女孩，同事没有责备工作人员，而是蹲下来安慰小女孩，并且对她说："已经没事了。你看，这个大姐姐因为找不到你非常紧张，而且很难过。她并不是有意的。现在，你应该亲亲姐姐，安慰她一下。"小女孩听了，擦了擦眼泪，踮起脚尖，轻轻地亲了亲一直蹲在她身旁的工作人员的脸，并不好意思地说："大姐姐，我已经没事了。"

其次，妈妈要教孩子学会换位思考。换位思考的实质，就是设身处地为他人着想。做到这一点，能够减少很多不必要的矛盾。当孩子与别人发生争执时，妈妈要教育孩子暂时放开自己的想法，以对方的情况为出发点，去体会对方的感受，理解对方的行为。这样，孩子往往会看到问题的另一面，从而养成宽容的品格。

熙熙从小就比较乖巧，不过她毕竟是个小姑娘，小的时候，在面对某些事情时，她还是会表现得比较"小气"。

小学四年级期末考试时，熙熙发现语文老师在算分数时少给自己算了2分。自己的名次本来应该是第三名的，却因为少了这2分排到了第五名。熙熙很生气，一回到家就向我抱怨老师的粗心大意。

我对她说："老师很辛苦，为了让你们早点儿知道成绩，连夜批改了那么多试卷，难免有些疏漏。丢了2分又有什么关系呢？这并不影响你对知识的掌握。至于名次，妈妈觉得不重要，没有必要计较。你说是不是这样？"听了我的话，熙熙仔细想了想，慢慢地心平气和了。

还有一次，熙熙的同桌不小心弄坏了她很喜欢的一支钢笔。熙熙很生气，发誓再也不跟他说话了。看着她因为生气而鼓起小脸，我说："你们两个人坐得这样近，这种事难免会发生。你不是也曾经碰坏了同桌的手工课作业吗？他不是都没有责怪你吗？而且他也不是有意的。你把钢笔拿给爸爸，让爸爸看看能不能修好。"熙熙看了看手里的钢笔，觉得我说得很有道理，于是蹦蹦跳跳地拿着钢笔找她爸爸去了。第二天，她主动找同桌说话，两个人和好如初。

生活中，每个人都不可避免地会与别人打交道。宽以待人，能让敌人成为朋友；斤斤计较，却有可能把朋友变成敌人。妈妈要抓住每一次机会，引导孩子学会宽容待人，让孩子成长为心胸宽广、受人欢迎的人。

此外，妈妈还可以利用孩子犯错的机会，让孩子明白人人都有可能犯错误，谁都难免会有过失，在帮助孩子改正错误的同时，引导他们学会原谅他人的过失，宽容待人。

让胆怯的孩子变得勇敢

在我们的周围，常有这样一些孩子：课堂上老师提问，就算知道答案也不敢回答或是答不完整，更别提在公共场合发言；平时成绩不错，可一到考试就发挥不出正常水平；碰到同学向自己问好，还没等开口先面红耳赤，说起话来还有些词不达意；在校园外遇到老师连招呼都不敢打，情愿绕远路避开……这些都是孩子胆怯的表现，妈妈不当的教育方式是造成这种现象的主要原因。

有些妈妈过于娇惯孩子，剥夺了孩子锻炼的机会，让孩子变得软弱；有些妈妈对孩子的要求过于苛刻，稍有差错就严厉训斥，让孩子变得唯唯诺诺；有些妈妈为了制止孩子的淘气行为而采取恐吓的方式，让孩子变得胆小怕事；有些妈妈只重视孩子的学习，几乎不让孩子与他人交往，让孩子变得畏畏缩缩；有些妈妈在日常的言行中流露出的自卑情绪，无形中影响到孩子，让孩子也变得自卑懦弱；有些妈妈见到一只小虫就大呼小叫，孩子也就跟着怕小虫，越来越胆小……

孩子长大后需要面对的是一个复杂的社会环境，需要不断与人产生交集。如果从小就胆怯、怕生，做什么都不能独立完成，很难想象将来他们如何在竞争激烈的社会中找到立足之地。改变胆小怯懦的孩子，妈妈要做到以下几点：

首先，不要恐吓孩子。孩子小的时候，有些妈妈为了制止他们的哭闹或是调皮行为，就用狼外婆、人贩子等进行恐吓，甚至故意关灯，发出怪叫声来制造一种阴森可怕的气氛。这种做法也许能收到一时的效果，但副作用实在不容忽视，会给孩子带来长时间的心理创伤。

年幼的孩子是没有识别能力的，他们会把妈妈讲的一切都当成真的。妈妈杜撰出来的那些可怕的东西会时不时地出现在他们头脑中。时间久了，再胆大的孩子也容易变得畏畏缩缩。甚至他们长大以后，即使知道了狼外婆只是儿时的童话，还是挥不去笼罩心头的阴影。所以，妈妈绝对不能用恐吓的方式来教育孩子，这对他们有百害而无一利。

其次，教育孩子，既不能过分苛责，也不能过分娇惯，要大胆放手、善加引导，让孩子做自己力所能及的事。

有些妈妈认为好孩子就是管教出来的，对孩子特别严厉，甚至不允许孩子有半点自由，他们的一举一动都要先经过妈妈的同意。这样的教育方式不是让敏感的孩子彻底丧失自尊心，就是让他们与自信无缘，无异于扼杀了孩子的未来。还有些妈妈对孩子过分溺爱，"别碰水壶，小心烫着你""刀子会伤到手，妈妈给你削苹果"……妈妈的过分保护会给孩子消极的暗示，导致很多事情都没有亲自体验过的孩子，遇事很容易产生畏惧心理，面对挑战退避三舍。

一对夫妻带着儿子逛公园。看到眼前有个小山坡，男孩有些跃跃欲试，想自己爬上去，却又显得勇气不足，每走一步都要停一下，回头看看爸爸，期待爸爸能抱自己上去。爸爸想要锻炼儿子，就对男孩求助的目光不加理会，而是大步向前，超过了男孩。但妈妈却特别担心，怕男孩摔倒受伤。她一会儿看看儿子，反复地叮嘱，一会儿又喊走在前面的爸爸慢一点。妈妈的紧张情绪终于感染了男孩。他停下来，再也不肯向上爬一步。最终，还是爸爸抱着男孩走到了坡顶。

上面的场景，想必大家都不陌生。没有妈妈的焦虑不安，男孩完全可以自己爬上山坡。这是他认识自己能力的一个好机会，却被妈妈善意地破坏了。对待这样胆小的孩子，妈妈要鼓励他们走出胆怯退缩的禁区。

日常生活中，妈妈要有意识地通过让孩子做事培养他们的勇气。比如天黑后，有些怕黑的孩子不敢自己去厨房，这时，妈妈可以让他们帮忙从厨房取些东西。不要用"胆小鬼"来训斥不敢行动的孩子，也不要用"没什么可怕的，什么都没有"简单敷衍他们。不妨换一种说法，用"帮我找一下橙色的果盘"或是"把两个杯子都拿过来吧，我马上就用"来转移孩子的注意力。当孩子将注意力放在自己要做的事情上，就不会去在意去的地方怎么样之类的问题。

此外，妈妈还可以让孩子参加一些富有挑战性的运动，激发孩子内心的勇气，这样既能让他们锻炼身体，也能让他们学会如何迎接挑战。

对于战胜自己的恐惧取得了一定成果的孩子，妈妈要及时加以鼓励。通过反复强化训练，孩子胆小懦弱的性格就会逐渐有所改善。

让孩子拥有
乐观向上的性格

乐观向上是指对未来充满信心和希望而又不断进取的个性特征。对孩子来说，拥有乐观向上的性格是非常重要的。因为乐观向上的性格会是孩子应对人生中失败、挫折等不幸境遇的最强有力的武器。乐观向上的性格不仅有助于孩子保持充沛的精力和愉快的心情，还能够使他们用良好的心境将全部精力投入到学习和生活中去，帮助他们取得更大的成就。

这天放学回到家里，熙熙的情绪看起来有些低落，我问她怎么了，她告诉我说她在学校合唱团的学长小叶休学了。这个小叶我知道，他是比熙熙高一个年级的学长，是个优秀的孩子，不但学习成绩一直很好，而且篮球打得非常棒，还是学校合唱团的指挥，很得熙熙这些初中小女生的喜欢。这么优秀的孩子，怎么会突然休学呢？

原来，最近一段时间，随着中考的临近，学习的压力越来越大，小叶心中时常萦绕着一种难以述说的苦闷感。虽然他在学校里很受欢迎，但没有真正交心的朋友可以倾诉，即使有，他也说不出自己究竟为什么会这样。为了排解情绪，他也试着和家人去看电影、听音乐会，可回到家中，还是觉得一切索然无味。

渐渐地，他对生活越来越迷惘，总是觉得一切都不顺心，即使遇到高兴事，也兴奋不起来。他的睡眠状态也越来越糟糕，经常做噩梦，胃口也很不好。有时候悲观起来，他甚至想用寻死的方法获得解脱，但因为对人生还有留恋，又下不了决心。他也知道如果一直持续这种状态，会伤害身体，影响学习，却又找不到解脱之法，最后只好暂时休学了。

很显然，小叶被悲观、忧郁缠上了。对大多数人来说，这种情绪只是偶尔出现，很快就会消失。但也有些人会经常性地陷入这种状态不能自拔。长此下去，危害是极大的，它会彻底改变人对世界和人际关系的认知，严重者甚至会结束自己的生命。

那么，妈妈该如何培养孩子形成乐观向上的性格，使他们免受悲观、忧郁的困扰呢？

首先，要为孩子提供良好的家庭氛围。家庭气氛、家庭成员之间的关系，会在很大程度上影响孩子性格的形成。所以，妈妈应该为孩子提供一个快乐、和谐、平等的家庭氛围，让孩子养成积极乐观的心态，健康快乐地成长。

其次，要引导孩子学会摆脱困境。即便是天性乐观的人也不可能事事称心如意，永远快乐无忧。妈妈要让孩子保持一颗平常心，在平静的心态下坦然面对成功和失败、喜悦和悲伤；还要从小培养孩子应对困境的能力，如果困境一时无法摆脱，要让孩子学会忍耐，或是寻求另外的精神寄托。

再次，要适时转移孩子的注意力。有时候，孩子是很固执的，不肯轻易表达或者无法确实表达自己的心境。这时，妈妈要想办法转移他们的注意力。比如同孩子一起谈论他们感兴趣的事，或是带孩子出去转转，分散孩子的注意力，让他们在获得新乐趣的同时忘掉过去的不愉快。而见多识广的孩子，心胸自然开阔，悲观思想就不容易产生了。

然后，要让孩子体会成就感带来的快乐。对于每个人来说，最能够带来愉悦情绪的，莫过于完成任务后产生的满足感和自豪感了。妈妈要经常引导孩子完成力所能及的任务，让他们体验成功带来的快乐，这也有助于孩子自信心的养成。

最后，要鼓励孩子与人交往。妈妈要为孩子创造与同龄人交往的机会，比如邀请孩子的同学来家里做客，带孩子去朋友家串门；还可以带孩子参加一些他们感兴趣的活动，让孩子在与同伴的游戏中获得乐趣。这对转变孩子的孤僻性格，培养活泼开朗的个性大有好处。

此外，科学研究还发现，运动能促进人体新陈代谢，有助于疏泄负面心理能量，让人产生积极的心理感受，比较快速地把情绪提升起来。所以，妈妈也可以根据孩子的具体情况，为他们选择一些适宜的运动。

从小培养孩子的自信心

自信会对人们做事的动机、态度以及行为产生很大影响。孩子的自信心通常在他们三四岁的时候就已经萌芽了。一般来说，自信心强的孩子比较乐观，自我感觉良好，喜欢同他人交往，乐于追求新的兴趣；缺乏自信心的孩子则比较悲观，往往表现得比较被动、抑郁与孤独。为了培养出自信心十足的孩子，妈妈一定要做到以下几点：

首先，正确对待孩子取得的荣誉。有些妈妈为了不让孩子产生骄傲自满的情绪，尽管心里对孩子在某方面的出色表现非常高兴，却对孩子取得的荣誉表现得很漠然，一副不欣赏、不珍惜的态度。须知，妈妈对待孩子取得的荣誉，过多张扬不可取，但不当回事，甚至加以贬低，更不可取。

有次去一位朋友家里做客，吃饭的时候，朋友的丈夫顺手将儿子龙龙新得的奖状放在餐桌上，垫了汤锅。龙龙看到后气红了脸，吵着让爸爸把奖状拿出来。朋友见了，在一旁说："进步奖算什么，三好学生的奖状才够好。你拿回那个来才算光荣。"我急忙劝解，没想到，这反而勾起了夫妻俩的满腹心事，话题马上转移到龙龙身上，说他如何不争气，只关心吃穿，完全不把心思放在学习上等。听到这些，龙龙再也控制不住，跑回自己的房间伤心地哭了起来。

如果家长不能满足孩子渴望得到认可的这种需要，孩子就很难进行积极的自我确立。所以，聪明的妈妈家长对孩子取得的任何一点荣誉都不能轻看，更要以此为契机鼓励孩子争取更大的进步。

其次，要经常对孩子说"你能行"。孩子大声唱着时下流行的歌曲，妈妈不耐烦地说："哎呀！不要再唱了，难听死了！"孩子拿回90分的卷子让家长签字，父亲吼道："才90分，怎么搞的？"孩子主动帮忙洗碗，奶奶忙说："别给我帮倒忙啦，快看书去吧！"生活中，这些现象时有发生。

殊不知，家长的这种做法会让孩子觉得自己什么都做不好，只会让家人失望，渐渐地失去自信。事实上，怎样让孩子"能行"，是所有妈妈都关心的问题，但令人不安的是，很多妈妈对孩子说"你不行"的次数，要比说"你能行"多得多。

作为妈妈，一定要改变这种负面意识和行为，要经常向孩子发出"你能行，你一定行"的正面信息，哪怕最后失败了，也要告诉他们：敢于尝试就是好样的！并让孩子相信自己的能力。孩子感受到来自妈妈的理解和支持，内心会产生巨大的力量，做出让妈妈惊叹的成绩来。

最后，要强化孩子的自我价值观，让孩子正确对待他人的评价。接受并喜欢自己，是一个人建立自信和勇气的前提。孩子只有悦纳自己，坦然接受自己的全部，才能在人生的路上勇往直前、无所畏惧。但年幼的孩子生活经验少，理性思维水平还比较低，所以在评价自己的时候经常带有情绪性，很容易受他人言谈和表情的暗示，对自己一会儿肯定，一会儿又否定，因外界的影响而动摇自己。这时就需要妈妈的帮助，妈妈要指导他们正确对待他人的评价，客观认识自己。

小米和熙熙从幼儿园开始就是同学，两个人的关系非常好，熙熙叫小米"蜜米"。"就是'闺蜜小米'的意思！"熙熙如此解释到。小米性格开朗活泼，是大家的开心果，这与小米妈妈的教育是分不开的。

小米一直长得胖胖的，小时候她还觉得自己很可爱，可是渐渐长大后，她对自己越来越不满意。她怕称体重，也害怕过夏天。即使在三伏天，她也因为不想让别人笑话腿粗，而宁肯穿长裤。小米的妈妈意识到了这点，找来了小米幼儿园演出获奖时的照片给她看。妈妈对小米说："从小你就不是个瘦孩子，可是你活泼可爱，又很爱学新东西，所以大家都觉得你很漂亮。"

一天，妈妈和小米一起看电视。妈妈问她："你长大了想做什么呢？"小米说："我想做主持人。"妈妈听了，马上说："那很好啊。"每当电视里播放某个女主持人的节目时，妈妈都会对小米讲："你看人家也不瘦啊，可是多自信呀。比起外表，内在才是最重要的。"

小米妈妈的做法值得妈妈们学习，让孩子能够正确对待别人的评价。同时，妈妈也要多对孩子进行正面评价，让孩子从小就树立起自己不比任何人差的信念。

此外，有时孩子会因暂时的失败而将自己的优点忘在脑后。这时，妈妈可以借助孩子的其他优势来激励他们，在某一领域里的优势能够帮助孩子更好地面对来自其他方面的挫败。所以，孩子在面临失败时，就需要妈妈的适时提醒，借助孩子的其他优势激发他们的信心。

让孩子对生活充满热情

小璇是熙熙上小学时的同学，她性格内向，虽然年纪小小的，却总是一副不苟言笑的样子。小璇的父母对我说，孩子上小学前，他们认为女孩话少一些不是什么坏事，所以也就没太在意。然而等小璇上了小学，他们才意识到问题的严重性。

在学校里，凡是集体活动，小璇一律没有兴趣，情愿一个人玩；轮到她做值日生，她总是借故请假，对班级的工作丝毫不热心；在学校的各类评比中，班级获得了荣誉，其他同学都是兴奋不已，可她却显得很冷漠。平时，她总是一个人独来独往，难得和同学讲上几句话。父母问起她学校生活怎么样，她也总是用简单的一句"没意思"来回答。

现在有很多孩子就像小璇一样，对一切都提不起兴趣，待人处事采取冷漠以对的方式，似乎世间的一切都让她们觉得索然无味。是什么原因导致这些花样年华的孩子对生活失去了应有的激情呢？原因大概有以下几种：家长不切实际的期望让孩子产生挫败感，失去继续努力的兴趣和激情，变得自卑、失落、消极；缺乏能够引起自己兴趣和上进心的目标和理想，对周围的一切都感到茫然和倦怠；受到不良诱惑的错误引导，比如网络、烟酒、坏朋友等。

冷漠对孩子的身心健康很不利，妈妈要引导孩子用积极的心态面对生活。那么，具体来说该怎样做呢？

首先，要为孩子营造温馨和睦、充满爱意的家庭氛围。孩子性格的形成与后天的环境有很大关系。只有让孩子从小体会到热情的力量，他才有可能养成热情的品质。孩子在成长期尤其需要家长的关爱，如果这方面有所缺乏，是不利于她们养成健康完整的性格的。

还有些家长经常争吵，长期身处这样的环境，孩子的心灵受到创伤，就会变得沉默寡言、对周遭失去热情，还会对爱情和婚姻产生质疑，对未来的婚恋生活不抱信任。因此，父母要共同努力，为孩子创造出一个有安全感的家庭环境，让孩子感受到家庭温暖，体验到家庭带来的欢乐。

其次，要找准原因，对症下药。

我曾参加过一个关于家庭教育的讨论会，一位妈妈给大家讲述了她是如何帮助自己的儿子齐鲁重拾对生活的热情的。

齐鲁原本是个热情开朗的大男孩，不过上高中二年级后，他的妈妈从儿子疲倦的眼神、表情中以及对什么都提不起精神的态度中感觉到儿子有些不对头，但她不知道自己的儿子究竟是怎么了。

一次，齐鲁和朋友打电话，无意间被妈妈听到了。齐鲁向朋友抱怨："我也想让自己对生活充满热情，可是一想到那些让我手足无措或是我解决不了的事，我就觉得自己的精气神一下子都没了。"妈妈恍然大悟，原来儿子并不是对生活缺乏热情，而是害怕失败、不自信。

为了帮助儿子，妈妈在家里的醒目位置写下了这样几个问句：我该怎样过好今天？怎样让自己立即开始行动？今天我能学到哪些新东西、解决哪些旧问题？妈妈告诉齐鲁，每天问自己这几个问题，并加以实施就行了。一段时间过后，妈妈发现齐鲁发生了变化，整个人都变得有朝气了。

妈妈要找到孩子缺乏热情的原因，促使他们变得积极起来。就像齐鲁的妈妈，她用几句话就帮助迷茫的儿子解决了重要问题，给没有目标和方向的齐鲁找到了行之有效的改变途径。

再次，要培养孩子做事的兴趣。孩子往往容易因为自己感兴趣的事而激情澎湃。提到影星、球星、流行趋势、网络游戏等让他们感兴趣的事，他们往往会很激动。对于这方面的信息，他们的记忆能力、发现能力也变得超级强大起来。这就是兴趣在发挥作用。所以，想让孩子保持热情，就要让孩子做自己感兴趣的事。如果某些事情孩子不得不做，那么就要激发他们的兴趣，因为只有带着兴趣，他们才能做得更好。

最后，要扩大孩子的生活空间，鼓励孩子多交积极向上的朋友。受家居条件、家庭结构等因素限制，孩子很容易变得孤僻、冷漠。妈妈要鼓励孩子多接触外界，增强孩子的参与意识，让孩子从狭小的自我圈子中摆脱出来。孩子受到性格开朗的朋友的感染，自己也能变得热情起来。

让孩子在感恩中幸福生活

我们从来到这个世界的那一刻起，就无时无刻不在接受着各种"恩赐"：父母的养育、师长的教诲、朋友的关爱、大自然的慷慨赐予……然而，有很多人把这一切视作理所当然，没有丝毫的感激意识。这种现象在个别孩子身上表现得尤为突出。他们从小到大一直扮演着被爱的角色，久而久之，变得只知道索取，不知道回报，不会想到要去关心别人和感激他人。父母不遗余力地呵护孩子，甚至超出了父母的能力，却还让孩子觉得不够满足，稍有不如意，便怨天尤人。

为什么会出现这种情况？主要原因是家长忽视了树立孩子的感恩意识。让孩子学会感恩，要从家庭教育开始，从孩子小的时候就着手进行。而首先要做的，就是让孩子懂得感谢父母。

一位母亲把所有的爱都倾注在了儿子身上。为了儿子，她辞去了优越的工作，一心一意地做起了全职妈妈。她把儿子照顾得无微不至,甚至连一顿饭要吸收多少热量,她都要做精确地计算。

一天,这位母亲感冒发烧,卧床休息,没能像往常一样,在儿子放学到家前就准备好丰盛的晚餐。她想,自己平时那么疼儿子,儿子回来看到自己憔悴的样子,一定会很心疼。

儿子回到家,看到餐桌空空的,就来到母亲的房间。就在母亲用期待的目光看着儿子,希望儿子能用小手摸摸自己的脸,说出关心的话时,令人心寒的一幕出现了。

儿子的脸上满是质疑和愤怒,大声呼喝母亲:"我都饿坏了!你怎么还没给我做饭?"

母亲简直不敢相信自己的耳朵,自己付出了所有心血养大的儿子,在自己生病的时候说出的唯一一句话竟然是这样!

这位母亲几乎为儿子付出了全部,可是当儿子看到生病在床的母亲时,却发出了冷漠的质问。听到这件事时,我非常同情这位母亲,不过经过细细思考,我认为事实上,如果追溯根源,这个孩子会变成这样,很大一部分原因在这位母亲自己身上。全心全意地为孩子付出几乎是所有母亲的本能,但这位母亲却只注重了对儿子生理、知识方面的培养,忽略了儿子在情感、品格方面的成长。所以,当她生病时,儿子不懂得体恤,反而责问她为何没有做饭。

日常生活中,妈妈应该启发孩子学会用感激、感恩的心态去面对父母的付出,从道谢等简单小事情上让孩子熟悉感恩的状态,还应该让孩子分担一些力所能及的家务,让他感受父母的辛苦,学会用行动来关爱父母。

为了让孩子学会感恩,妈妈还应以身作则,为孩子作表率。平时工作再忙、再累,都要在假期带孩子去看望双方的老人;每逢年节、老人生日时和孩子一起为老人选购礼物；春暖花开时带孩子一起陪老人外出游玩，赏花观景；朋友送来的稀有食品先给老人留出一份等。也就是说，妈妈要用自己对长辈的关爱来潜移默化地感染孩子。

妈妈还可以有意识地通过一些与家庭或孩子有关的事例让他们懂得，人的成长，除了父母的培养，还离不开社会和他人的帮助，以培养孩子感恩社会、乐于助人的品质。比如当孩子提起某个老师或同学对他的帮助时，妈妈可以让孩子打个电话表示感谢。

此外，妈妈还要让孩子懂得感恩无处不在。不要让孩子觉得感恩是一件高不可攀的行为，在孩子夸口以后有成就了如何回报父母的时候，要告诉他们，其实可以从现在做起，从小事做起。

我的学生小月给我说了一件让她感到沮丧的事情。周五放学回到家，小月从整箱苹果里挑出一个最大最红的，反复擦洗了好几遍。晚上，妈妈下班回到家，她马上把苹果送给妈妈。妈妈看了一眼，对小月说："这个苹果真是又红又大啊。你最小，还是你留着吃吧。"小月又把苹果拿给爸爸，也被拒绝了。父母的表现让小月有些不知所措，也有点儿难过。

有时候，妈妈包办好了生活中的一切，孩子想要尽孝却没有机会，奉献请求也被回绝，这样必然会削弱孩子的感恩之心。所以，妈妈要懂得给孩子奉献孝心的机会，哪怕只是一个水果，也不要轻易推辞。只有妈妈接受了，并且给予感激和赞赏，孩子才会有下一次的孝心行动，久而久之，也就养成了自觉孝顺长辈的习惯。

引导孩子用健康的
心态参与竞争

初中毕业后，李雷从农村来到市里的重点高中上学。以前的学校教学质量不是很好，李雷到了新学校，觉得很难适应，尤其是英语课，简直像鸭子听雷。这一切让他不知所措。第一学期期末考试，他没有一科及格，英语最惨，只有35分。这种打击对过去一向优秀的他来说，实在太大了。他想，农村学生始终是比不过城里学生的。他开始苦恼和自卑起来，转而向小说里寻找精神寄托。沉溺其中的他成绩越来越糟，差点被学校开除。李雷不想继续留在这里丢人现眼，决定放弃学业。母亲知道了他的想法，对他说："放弃学业的你和战场上的逃兵有什么区别？就算你休学，逃避了学习上的竞争，可以后呢？以后你还能接着逃避社会的竞争吗？还是你已经打算好了，做一辈子的逃兵也无所谓？"母亲的话强烈地刺激了李雷的自尊心。为了不让自己成为逃兵，为了证明自己并不比别人差，他开始刻苦学习。

本来就不笨的李雷最初成绩不好，只是因为没有适应新的环境。有了竞争意识的他不甘心落后于人，通过不断地刻苦努力，成绩自然提高了。高考的时候，他以学校有史以来最好的成绩考入了向往已久的大学。

竞争是生活中不可或缺的内容。如果李雷在暂时落后的时候，一味地逃避，那么很可能像他母亲说的那样，成为"一辈子的逃兵"。孩子对学习或某项活动甘心落后、怯于竞争，表现出动摇、胆怯、逃避等消极态度的时候，妈妈要让他们明白逃避不是解决之道，勇敢竞争才是应对之法。

相传渔民们使捕捞到的沙丁鱼保持活力的办法，是将鲶鱼放入沙丁鱼群中。为了躲避天敌吞食，沙丁鱼加速游动从而保持了旺盛的生命力。森林公园里安逸的梅花鹿病的病、死的死，解决负增长的办法竟是加入几只狼，四处奔跑逃命的鹿群除了老弱病残被捕食，其他的鹿体质增强，数量也迅速增长。动物如果没有了竞争对手，就会变得死气沉沉。人也如此，没有竞争对手的人会养成惰性、甘于平庸，同畏惧挫折、逃避竞争的人一样，最终的结果都是庸碌无为。

在这个飞速发展的时代，激烈的竞争无处不在。培养孩子不怕失败、不畏挫折、勇于竞争的意识和能力，就是赋予了他们将来在社会上畅行的"通行证"。那么，具体来说该如何进行呢？

首先，要让孩子保持一种竞争意识。竞争意识是产生竞争行为的前提。每个人都会有一种渴望成功的愿望，有一种超过别人的冲动，这是鼓励自己前进的驱动力。生活中，妈妈要树立孩子的拼搏精神和竞争意识，让他们不甘落后，敢于脱颖而出，争当"出头鸟"。

其次，要让孩子发挥自身的竞争优势。每个人都不可能是全才，重要的是能找到自己的优点，并发挥出来。帮助孩子发现自身长处，是让他们克服畏惧竞争心态的一剂良方。让孩子学会发挥自己的长处，这样自然就能增加他们成功的机会。

再次，要让孩子善于学习竞争对手的优点。竞争对手就像一面镜子，能照出自己的不足，从而促进自我完善。面对竞争对手，妈妈应该引导孩子改变敌对的心态，而将对方视为学习的动力、目标以及榜样。

记得熙熙上初中的第一天，一放学回家，她就来到我和她爸爸的面前，郑重宣布，她要在初中的第一个学期期末，将自己的成绩提高到年级前五名。原来，熙熙今天得知自己的小升初考试排在年级第八名，她有些不甘心。虽然我们平时并不很在意熙熙的具体考试成绩和排名，不过既然孩子对自己有要求，家长怎么能泼冷水呢。我和她爸爸当即表示支持。

我问熙熙："现在，整个年级中你的竞争对手主要是成绩比你好的前七名，想要超过他们，就先要了解他们、虚心向他们学习。'知己知彼，百战不殆'，现在刚开学，我想你还不了解这几位同学，要想超过他们，就要先了解他们各自的优点。"熙熙听后，说："的确，我不能打无准备之战，从明天起，除了好好学习，还得时刻了解'敌人'的情况啊！"我笑了笑，说："知己知彼，心里就有了底；学人之长，胜利就有希望。"

熙熙说到做到，在初中的第一学期中，她不断审视自己，寻找与其他优秀同学的差距，学习起来也更加用心，成绩提高得很快，最终在期末考试时实现了自己的目标。

最后，要培养孩子的良性竞争心态。要让孩子明白，竞争不应是自私狭隘的，不应玩阴险要手段，而应有广阔的胸怀，以实力超越；竞争并不排除协作，单枪匹马的强者是孤独的，也是不易成功的。要引导孩子与自己比较，从实际出发，在个人原有基础上不断取得进步。同时，还要帮助孩子正确面对竞争中的得与失，成功了，不骄傲，能想到今后还会出现新的竞争；失败了，不灰心，更不嫉妒成功者，接受他人先于自己成功的事实，并视对方为自己学习的榜样。

别让孩子轻言放弃

每个孩子都是妈妈的心肝宝贝，每当他们遇到困难，还没等自己动手解决，就往往会有妈妈冲上去，把种种障碍排除掉。也许在妈妈看来，这是自然而然的行为。但正是妈妈的这种代劳让孩子失去了许多体验的机会，也造成了他们性格上的缺陷。孩子必须学会适应失败，同时，也必须养成永不放弃的习惯。姑息孩子一遇到困难就打退堂鼓的毛病，是对他们的成长极为不利的。

熙熙小的时候特别喜欢玩积木。一天，她从画报上看到一张印有豪华宫殿的图片，于是兴致勃勃地把几盒积木合在一起，堆到地上，准备按图片上宫殿的样子建造属于自己的"宫殿"。但这项"工程"实在是太大了，她搭了整整一个晚上，却只完成了一小部分。

吃过晚饭，熙熙对搭建"宫殿"失去了耐心，准备上床睡觉了。这时，我拉着熙熙的爸爸主动请求参与"宫殿"的建设。熙熙很高兴地"批准"了。有了我们的帮助，"工程"进度明显加快。

恰巧第二天是休息日，我们一家三口又忙活了一整天，终于把"宫殿"建成了。完工后，熙熙爸爸还拿出照相机给熙熙和"宫殿"拍照留念，晚上我们又特意炒了几个好菜，以庆祝"工程完工"。

熙熙在搭建"宫殿"时有些虎头蛇尾，刚开始很热衷，可不久就失去了热情，不想再坚持下去了。如果在此时，我和熙熙的爸爸任由熙熙将这事情搁置一边不管，那很可能熙熙以后就再也没有把"宫殿"搭建起来的意愿了。搭积木宫殿是小事，但这样一直下去，以后不论熙熙遇到什么事情，可能都会只有三分钟热情，半途而废的。

生活就如同一艘航船，旅途上遇到的不可能全是风平浪静的港湾，更有重重激流与险滩。而为平淡的旅途增添了无穷乐趣的，也正是这些激流与险滩。人生的道路同样如此，向着目标前行时，应全力以赴，用积极执著的态度去追求，遇到艰难险阻、失败挫折的时候，也不退缩、不动摇。要让孩子知道，失败并不可怕，可怕的是被暂时的失败所击倒，只有真正做到永不放弃的人才能最终到达理想的彼岸。

英国作家狄更斯曾经说过："顽强的毅力可以征服世界上的任何一座高峰。"依靠自己的毅力，人们可以克服无穷的困难，登上峰顶。而不断地攀登，反过来又磨炼毅力。孩子在学习生活中，总会遇到来自自身或外部的困难和阻碍。这个时候，妈妈要做的不是体谅，不是代劳，而是要鼓励孩子不泄气、不放弃，坚持到底，让孩子在困难面前懂得坚持，并最终体验胜利带来的喜悦。那么，妈妈可以从哪些方面入手对孩子加以培养呢？

首先，让孩子明确活动的目的。孩子的坚持性与他们的自觉性直接相关。如果他们对活动的目的没有明确的认识，行动往往是即兴的，随意发生的。这样就很难产生克服困难、贯彻始终的坚持性。所以，为了让孩子能较长时间地从事一项活动，做到有始有终，妈妈要让孩子在活动前就明确活动的目的，同时鼓励他们努力坚持下去，将目标实现。

其次，让孩子独立活动。要尽可能地为孩子创造独立活动的环境，他们在活动的过程中需要克服种种困难，在克服困难的同时意志力也会得到增强。如果孩子遇到难题，妈妈也不必急着去帮助，应该先等一会儿，让孩子自己尝试着解决。当孩子战胜了困难，达到了目的，他们会体验到一种经过努力终于得到胜利的满足感。在这个过程中，他们克服困难的勇气和信心也随之增强。

再次，在多样化的活动中培养孩子的坚持性。孩子的坚持性只有在不同的活动中、在多次克服困难的过程中才能逐渐形成和培养起来。妈妈可以经常组织孩子参加一些既力所能及又需要付出一定努力的游戏、学习、劳动等活动，从中锻炼孩子的毅力。

最后，对孩子适时鼓励。当孩子在活动中表现出进步时，妈妈要适时、适度地给予肯定和赞许。妈妈的赞扬可以鼓舞孩子的士气，提高他们的信心。当孩子完不成计划时，妈妈要对情况具体分析，不要说"我就知道你完不成任务""我早就说过你没长性"这类话，这会增加孩子的挫折感，容易使他们失去自信心。

需要注意的是，妈妈在培养孩子意志力的时候，需要充分考虑他们不同的心理特点。对性格内向的孩子，需要加强对他们的果断性和灵活性的锻炼，培养勇敢、坚毅的意志品质；对性格外向的孩子，需要加强对他们的自制力的锻炼，培养忍耐、沉着的品质。

让孩子学会大方分享

自私自利的孩子往往只顾自己，一切以自我为中心，在财物上比较吝啬，很难让人喜欢，交不到相知的朋友，将来融入社会也会有一定障碍。学会分享是孩子社会化发展的一项重要内容，直接影响到他们将来能否很好地在社会上立足。

说起分享，我想起这么一个故事。

一天，一位女士的朋友给她送来了两箱苹果。其中一箱比较新鲜，可以放一段时间，而另一箱有些熟过头了，不立即吃掉很快就会腐烂，于是她把自己的三个孩子找来，一起商量怎么吃这两箱苹果。

大儿子说："趁熟的那箱苹果坏掉之前赶快吃掉。"女士说："可等熟的那箱吃完，另一箱苹果也就坏了。"

二儿子说："那就先吃好的那箱吧，这样我们就能尽可能多地吃到好苹果了。"女士说："这样的话，熟的那箱苹果肯定就要全部浪费了。"

这时，小女儿说："我们把两箱苹果混合起来，分一半给邻居怎么样？这样，所有的苹果都不会浪费了。"女士听了，心满意足地笑了，她带着三个孩子把苹果分好，挨家挨户地给邻居们送去。

孩子在初试分享的过程中，也许会有挣扎和忍耐，但当他们体会到分享给别人带去的愉悦、给自己带来的满足时，就能慢慢理解分享的真正含义，发自内心地与人分享。为此，妈妈可以从以下两个方面进行尝试：

首先，要在家里为孩子营造一个分享的氛围。有些孩子在外面不知道关心他人，在家里也不知道体贴父母。他们不知道爸爸妈妈爱吃鱼头鱼尾是为了把最好的留给自己，不懂得父母的良苦用心。而父母的过度关爱是造成这种现象的主要原因，一旦关爱升级为溺爱，就会让孩子养成吃独食、不肯分享的坏习惯。所以，从孩子小的时候起，妈妈就应该注意培养，让他们学会把喜欢的东西与家人一起分享。

如果孩子已经出现自私行为，妈妈要及时寻找方法给予纠正，比如通过换位思考的方式让孩子体会自私行为带给别人的伤害，用一些故事让孩子了解自私行为会造成哪些恶劣后果。当然，想让孩子立刻就接受是不太现实的，需要给他们一个适应的过程。

其次，通过一些实践引导孩子学会分享。

"朵朵，妈妈的同事下周要出差，她家的小妹妹要来我们家住几天。你要做好小主人，跟小妹妹好好相处，多陪她玩玩。"

"不要！她把我的玩具弄坏了怎么办？"

"那你把以前不玩的玩具借给她玩好了。"

"那也不行！叫她把自己的玩具拿来跟我玩！"

生活中，类似的对话时有发生。孩子的分享行为不是自发形成的，需要妈妈的引导和启发。妈妈应该多为孩子提供一些与同伴分享的机会，让他们在实践中学会分享。比如邀请孩子的小伙伴来家里做客，鼓励他们拿出自己心爱的玩具和零食招待大家，让他们体验与别人分享的快乐。事后，再告诉他们，是分享让大家玩得那么开心，让他们明白分享并不等于失掉自己拥有的东西，从而自愿与他人分享。

别人送来的新鲜水果和营养品，也可以让孩子进行分配，引导他们先分给爷爷奶奶等长辈，再分给爸爸妈妈，最后才分给自己。这样，孩子既能从中学会与人分享，也养成了尊敬长辈、关心父母的好习惯。

另外，不要忘了鼓励和夸奖孩子的分享行为和慷慨举动，得到肯定后，他们会更加投入。这有助于强化和巩固他们的良好习惯。

让孩子为自己的行为负责

责任心是一个人立足社会、获得成功所不可或缺的品质。美国品德教育联合会主席麦克唐纳说过："能力不足，责任可补；责任不够，能力无法补；能力有限，责任无限。"妈妈要从小对孩子进行责任意识和责任感的教育，这是他们成长的必修课。

中国有句古话叫做"好汉做事好汉当"。每位妈妈都希望自己的孩子能够负责任、有担当。但我们在生活中，却常常听到一些妈妈这样抱怨：现在的孩子，一点责任心都没有！做了错事不承认，吃完东西垃圾随手乱扔，甚至连家庭作业都要抄同学的，不自己完成。那么，问题究竟出在哪里呢？事实上，成长中的孩子往往对一些事情没有责任感，因为许多时候他们并不知道责任是什么。孩子的责任心并不是与生俱来的，需要妈妈在这方面对孩子进行培养。那么，妈妈需要从哪些方面入手呢？

首先，别让孩子把找借口当成习惯。对习惯于找借口的孩子来说，借口是挡箭牌、护身符，能够帮孩子掩盖过失、推卸责任，让孩子获得暂时的心理安慰，但长此以往，孩子就很可能变得大事做不了，小事做不好，最终一事无成。

如果孩子经常将借口当作应付妈妈的方法，比如考试没考好是因为"钢笔不好用"，上学迟到了是因为"爸爸没有及时叫醒我"……久而久之，孩子会慢慢变得爱说谎。根据孩子的实际情况，找到孩子找借口的根源，将它解决掉，是帮助他们克服这个坏习惯的好方法。也有些孩子因为对妈妈不信任，不愿意把事情的真正原因告诉妈妈，所以用了找借口、说谎的方式。对这种情况，妈妈平时要注意多与孩子进行沟通，同孩子一起寻找解决问题的办法。

其次，要孩子为自己的过失"买单"。让孩子学会负责任是一个循序渐进的过程。刚出生的孩子还小，自然不懂得该如何负责。但随着年龄的增长，能力也在增强，孩子应该承担起相应的责任。如果妈妈不注意对他进行责任训练，而是依旧由自己来弥补孩子的各种过错，认为一切顺其自然，等孩子大了自然就好了。殊不知，虽然妈妈的用心是出于对孩子的疼爱，但这种"疼爱"不是真正的疼爱，而是在袒护孩子的过错，让他不能获得应有的教训，当然也就没有办法建立起对自己言行负责的意识。

有一次，熙熙为了周末能多睡一会儿，把自己的闹钟拨慢了一个小时。但周末睡了懒觉后，她却忘了把闹钟调回去。

星期一的早上，已经快到上课的时间了，我发现熙熙还在睡觉，看了看她的闹钟，马上明白了是怎么回事儿。但我并没有叫醒熙熙。当熙熙被闹钟叫醒后到学校时，才发现已经上完一节课了。结果可想而知，她被老师狠狠地批评了一顿。

回到家后，熙熙放下书包，开始埋怨我没有叫她起床。我告诉她："每天睡觉前检查闹钟是你的任务，可你为什么没有做到呢？我是可以提醒你，但没有人能提醒你一辈子。你要学会自己提醒自己。做错事后反省自己的错误才是该有的态度。"

从此以后，熙熙很少再犯同样的错误。

如果妈妈没有及时培养孩子的责任意识，孩子可能会放任自己的言行，认为出了事有妈妈兜着，而逐步变得毫无担当。所以，聪明的妈妈一定不能替孩子承担后果，而是让他为自己的过失"买单"。

研究发现，通过不断地自我反省，改正自己的缺点，弥补自己的不足，这是人之所以能够不断进步的重要原因，也是取得成功的必备要素之一。事实证明，孩子通过反省及时改正错误，不断地调整自己的心态和做事方法，能够让他们更快更好地成长。因此，作为孩子的第一任老师，妈妈要帮助孩子学会对自己的行为进行反省。

最后，让孩子学会道歉。人非圣贤，孰能无过。生活中，谁都免不了与别人磕磕碰碰。而道歉正是人际交往中挽回过错的最直接也是最佳的方法。对每个人来说，学会道歉和接受道歉都是很重要的习惯和礼节。敢于道歉是一种勇气，接受道歉是一种宽容，这都是有教养的表现。让孩子学会道歉，是帮助他们建立是非意识，懂得在意别人的感受，努力弥补错误的成长过程。

需要妈妈注意的是，要警惕孩子随口而出的道歉。有时，孩子发现自己做错事，为了尽快解决麻烦，"对不起"就会脱口而出。但过不了多久，他又会犯同样的错误。这表明他并没有真正理解道歉的含义。这时，妈妈要告诉孩子：只有争取不犯同样的错误，道歉才是有意义的。

科学饮食，
让孩子身体更健康

　　孩子正在长身体的时候，吃饭是关系到他们健康的大事，让很多妈妈最费心的就是孩子的吃饭问题。有的孩子吃饭时拧得不行，任凭妈妈怎么哄、怎么骗，就是不肯吃，即使偶尔"赏光"，也只是吃了有限的几口；有的孩子正餐不好好吃，零食却片刻不断，看起来一天吃的不少，身体却并不强壮。在饭桌上，很多妈妈与孩子"斗智斗勇"，却依旧败下阵来。

　　和教研室的刘老师聊各自班上的学生，刘老师说起了她班上一个让她颇感头疼的男生。

　　这个男生叫林波，林波的爸爸是特级厨师，妈妈是专业营养师。为了让林波更好地长身体，每天晚上，只要林波爸爸有时间，他都要根据林波妈妈精心定制的科学食谱为林波做上六菜一汤；林波爸爸没时间的时候，手艺不错的保姆也会严格按照林波妈妈定下的食谱来准备饭菜。林波父母本以为这样精心培养林波，林波即使不是最强壮的孩子，也绝对是健康的，但是已经上小学三年级的林波和其他同学比起来，显得又瘦又小，脸色也不好。当刘老师告诉林波父母，在学校里，林波也总是不肯好好吃营养午餐，经常是随便吃上两口就把饭菜倒掉，不但成绩不好，性格也有些暴躁时，林波妈妈反而责怪老师没有看着林波认真吃饭，但学生那么多，老师哪有时间专门看着他一个人呢？

林波妈妈愁得要命，愈发坚定了她要严格管教林波的想法。接下来，她不但严格规定林波每天要吃什么，连哪样东西要吃多少也都做了规定。林波吃得不够，妈妈就不肯罢休，非让林波完成"任务"不可。后来，林波对妈妈说，如果她不再因为吃饭的事唠叨和教训自己，他就肯好好吃饭。结果林波妈妈发现他在耍花招，每次伸出筷子都只夹一根菜，还要放在嘴里嚼上半天，一顿饭下来，他其实只吃了一点点。从那以后，林波妈妈每顿饭都要给他单独盛出一大碗，并告诉他，不管用多长时间，都必须吃完。林波妈妈本以为这回问题总算解决了，却气愤地发现林波有时候居然能把一碗饭吃到睡觉。

美国儿科权威、医学博士本杰明·斯波克这样说过："为什么那么多的孩子吃不下东西？主要原因是喜欢催逼孩子吃饭的父母也不少。"孩子不喜欢吃饭与孩子的情绪有很大关系，相信妈妈自己也不会喜欢明明不想吃饭，别人却逼着自己吃下去的感觉。事实上，孩子是知道自己想吃什么、能吃多少的，他们某一天突然胃口大开或是什么都不想吃，这都是正常现象。对此，妈妈要保持平和的态度，顺其自然不强求。只有孩子不再因为吃饭问题感到有压力，能够轻松愉快地端起饭碗，他们才可能产生正常的食欲。除此之外，妈妈还要做到以下几点：

首先，带头吃好三顿饭。

孩子的饮食习惯多是妈妈培养出来的，或者说是模仿妈妈而形成的。如果妈妈不爱吃蔬菜，孩子也可能见到蔬菜就感到厌烦；如果妈妈有不吃早餐的习惯，却要求孩子吃早餐，孩子就会觉得不公平，对吃早餐产生抵触情绪。而且小时候没吃习惯的东西，长大后通常也比较难接受。所以，妈妈想让孩子吃好每天三顿饭，自己先要带头吃好一日三餐，为孩子做出良好的示范。妈妈首先自己不要在孩子面前表现出对食物的特殊偏好，不要说这个菜好吃，那个菜难吃。如果孩子喜欢吃一种菜，妈妈可以交替着让这种菜在餐桌上"缺席"。

其次，注意各种营养均衡搭配。

由于孩子正处在生长发育的重要时期，有些妈妈特别怕孩子饿着，除了高脂高热量的正餐之外，还要给孩子准备大量的零食，导致热量过剩的孩子变成了小胖墩；还有些妈妈纵容孩子挑食的习惯，让孩子变成了风一吹就能倒似的"豆芽菜"。这些都是不利于孩子健康成长的。妈妈应该参考相关信息，在准备饭菜时应尽量保证各种食物的营养均衡搭配，合理安排孩子的饮食。除此之外，孩子的饮食结构还应随着年龄的增长、身体的发育做出相应调整，以保证孩子生长发育的需要。

再次，纠正孩子挑食的毛病。

大多数孩子在成长过程中都会有一些挑食的行为，这种情况非常容易导致孩子吸收的营养不全面，影响孩子的正常生长。对此，妈妈应该积极引导和教育。

熙熙4岁时的暑假，我把她送到她爷爷家里住一段时间。一个月后，从爷爷家回来，我发现熙熙变得爱挑食了。原来，熙熙的奶奶是个有些挑食的老人，虽然爷爷不挑食，经常换样做各种饭菜，但是奶奶经常时不时地在饭桌上说些"怎么又做胡萝卜""我最讨厌吃洋葱了""跟你说多少次了不要做豆浆"之类的话。受奶奶影响，熙熙也开始挑起了食。

就拿牛肉来说，原来熙熙虽然谈不上有多喜欢，但也绝不讨厌，可现在她明显排斥牛肉。因为奶奶曾经在她吃牛肉的时候说了声"那可是牛肉啊"，熙熙从奶奶的话里感觉到牛肉是挺难吃的东西，以后就再也不肯吃一口牛肉了。我装作没注意到熙熙不吃牛肉这个问题，毫不在意地该做牛肉还是继续做。

有一次家里吃饺子，熙熙问我是什么馅的，我没有骗她，告诉她是牛肉萝卜馅的，她就不肯再吃了。我就另外做了别的东西给她吃。

后来有一天，我做了熙熙爱吃的炸酱面，肉酱是用牛肉做的。因为过去我从来没用牛肉做过肉酱，所以熙熙吃之前也没想到要问我用的是什么肉。熙熙吃面吃得很香。看熙熙吃完面了，我才故意对大声地对熙熙爸爸说："家里的猪肉都用完了，去超市又来不及，我就用牛肉做的肉酱，没想到还真好吃。"熙熙爸爸也点头称是。熙熙听到了有些不高兴，但是面已进肚，她再抗议也晚了，只好接受了。

过了两天，我买来了冷冻的牛肉串，用烤箱烤得满屋飘香。我对她爸爸使了个眼色，他马上会意："吃这么香的肉串，我得喝瓶啤酒。"熙熙禁不住诱惑，也拿起牛肉串大口吃起来。就这样，熙熙挑食的坏习惯渐渐被改掉了。

当孩子对某种食物表示厌恶时，妈妈不要急于找替代品，可以像我一样，装作不知道，甚至找机会暗示孩子他很喜欢吃那个，比如当着不爱喝牛奶的孩子的面对别人说："我家图图不挑食，什么都爱吃，一口气能喝下一大杯牛奶。"

有些妈妈喜欢在饭桌上和孩子讲条件，"不把菠菜吃完，就不给你吃肉"，但实际上，这种话只能让孩子更讨厌吃菠菜，如果反过来说"必须吃完肉才给你吃菠菜"，这样反倒会引起孩子对菠菜的兴趣。在饭桌上为饭菜划等级的行为也应当避免，妈妈不要对孩子说"这个有营养要多吃，那个没营养要少吃"，如何让饭菜有营养是妈妈在做饭时需要下的功夫，当饭菜端上了桌，就要允许孩子自己选择，以免影响孩子的口味与偏好。

　　另外，妈妈告诉孩子偏食可能会给他们的成长带来的影响，比如发胖、长不高、头发枯黄、气色不好等，这会让孩子有意识地避免挑食的情况。

　　最后，保证一日三餐科学分配。

　　关于一日三餐的分配，流传着这样一句话："早餐吃得像国王，午餐吃得像平民，晚餐吃得像乞丐。"营养学家一致认为，在三餐中，早餐是最重要的，早餐吃得好，会对孩子上午的学习带来很大帮助。而不吃早餐，孩子会感到精神不振、疲劳倦怠、反应迟钝，影响学习效果。而且有研究显示，早餐能量摄入充足的孩子在身体耐力、数学反应、创造力等方面的表现均明显优于能量摄入不足的孩子。

　　经过一个上午的紧张学习，中午时孩子大多会感到饥肠辘辘。午餐既要补充孩子上午所需营养的不足，又要满足他们整个下午的热量供应，所以营养摄入应该以多样化为目的。长期以面包甜点或是西式快餐做午餐会给孩子的健康造成负面影响。

　　由于很多妈妈和孩子的早餐和午餐是凑合着吃的，所以选择在晚上补回来。有些妈妈习惯于利用晚上比较充裕的时间为孩子精心准备一顿丰盛的晚餐，有时还要加上消夜，这是很不好的饮食习惯。由于晚餐比较接近睡觉的时间，所以不宜吃得过饱，否则会给肠胃造成负担，影响肠胃健康和睡眠质量。

　　此外，妈妈还要有意识地培养孩子形成良好的饮食习惯，它同样有利于保障孩子的身体健康发育。除了不挑食外，良好的饮食习惯还包括定时定量吃饭，不吃或少吃零食，不暴饮暴食；不在饭前一小时内大量饮水，吃饭时细嚼慢咽；专心吃饭，不在吃饭时看书、看电视、谈笑争吵；注意饮食卫生，等等。

帮孩子养成良好的作息习惯

良好的行为习惯不是一朝一夕就能形成的，往往要经过长年地、反复地操作实践，重复又重复才能固定下来。对孩子来说，一旦错过幼年、童年的习惯养成关键期，以后再培养生活习惯就很痛苦了，所以妈妈应当在孩子小的时候就开始培养他们的作息习惯。

我家隔壁的小男孩小宝是故事迷。每天从幼儿园回到家，就打开电脑听故事，一直要听到很晚才肯睡。渐渐地，小宝的脸色变得很不好，抵抗力很差，很容易生病。

为此，小宝的爸爸妈妈多次劝说无效，有时候只好用家长的权威来"命令"他上床睡觉。可是上了床小宝还是不肯睡，为了能让小宝早点儿入睡，小宝的爸爸妈妈就和他约定讲完多少个故事就乖乖睡觉，小宝答应得很痛快。

一开始，小宝还能满足，后来就不行了。故事从3个增加到5个，过于简单的故事小宝还不接受。就这样，爸爸妈妈只好讲些长故事给小宝听。结果等最后一个故事讲完，小宝心满意足了，都快到夜里十一点了。

到了第二天该起床的时候，小宝总是喊困，想赖床多睡一会儿。渐渐地，晚上睡得晚，早上起不来，白天精神不济，成了恶性循环。小宝的爸爸妈妈对此束手无策，只是怪他不听话。

良好的作息习惯有利于孩子的身体健康，还能保证孩子有充足的精力用来学习，但它需要逐步养成。为此，妈妈需要做到以下几点：

首先，要以身作则，兼顾孩子的情绪。妈妈要让孩子知道养成良好作息习惯的重要性，从而减少孩子的抵触心理。可以和孩子一起制订作息时间表，要求孩子严格执行，妈妈要为孩子作表率。如果妈妈要求孩子不能长时间看电视，而自己却看到很晚，这样会让孩子觉得不平等，影响睡前情绪。有时孩子做游戏或是看书正到兴头上，妈妈强制他们立刻上床睡觉的做法是行不通的，最好事先提醒孩子，让孩子有个心理准备。

其次，要为孩子营造良好的睡眠环境。要培养孩子按时上床、上床即可入睡的好习惯，应为他们提供一个舒适安静的环境，卧室和床铺要符合他们的要求；不要让孩子养成开着灯睡觉的习惯；睡前可以播放一些轻柔的乐曲。

再次，要注意调节孩子的睡前饮食。晚饭不要让孩子吃得过饱；睡觉前的一个小时内，不要让孩子吃夜宵，也不要让他们喝咖啡、浓茶之类提神的饮品；巧克力等零食也不要让孩子在睡前食用。这些都不利于他们的休息和身体健康。

最后，不要在睡觉前刺激孩子的情绪。要提前让孩子做好睡觉前的准备工作。避免孩子在入睡前看激烈的电视节目或是做剧烈运动，更不要打骂、训斥孩子，这会让孩子很难平静下来。只有让他们身心放松，他们才能更快入睡。

鼓励孩子坚持运动

在希腊体育圣地——奥林匹克山上，刻着这样一句话："你想得到健康吗？就去跑步吧。你想得到聪明吗？就去跑步吧。"对于成长发育中的孩子来说，健康的身体是保证他们正常学习和活动的前提。

运动不仅可以锻炼身体、强健体魄，还有助于促进大脑发育、磨炼意志、增强自信。当下，生活水平越来越高，孩子衣食住行的需求在经济上都不成问题。但面对电视、电脑、漫画书的诱惑，运动不足成了很多孩子的通病，"小胖墩"和"豆芽菜"也越来越多。作为妈妈，要想方设法引导孩子多运动，让他们养成锻炼身体的好习惯。

首先，要让孩子对运动感兴趣，并支持他们的兴趣爱好。很多时候，孩子不愿意运动的原因就是觉得体育锻炼枯燥乏味。而事实上，体育运动的种类是非常多的。妈妈可以同孩子一起观看不同的体育比赛、一起跑步打球等，以发现孩子的兴趣所在；还要量力为孩子的体育活动创造物质条件，比如给他们买乒乓球拍、跳绳、球类等。妈妈要让孩子把运动当作有趣的事来做，而不是一种负担。

周乾是我班上一个不起眼的男生，他的性格比较内向，学习成绩挺一般，还不喜欢运动，没事儿就坐在教室里写写画画或发呆，很少像其他男同学那样到操场上玩耍。谁知五年级暑假结束后，大家都发现周乾像变了个人似的，不但变得开朗起来，在学习上也比原来更用功了。后来见到周乾的妈妈，我才知道个中缘由。

暑假的一天，吃过晚饭，周乾妈妈拉着在家看书的周乾出外散步。走到市中心的广场，周乾看到很多同龄人踩着滑板自在地穿行。还有些孩子不时地做出些花样动作来，博得阵阵欢呼。妈妈见周乾看得入迷，就问他想不想学一学，周乾很兴奋地点点头。

第二天，妈妈带着周乾报了一个滑板训练班。一开始，周乾还信心满满，但摔了几次跟头后，他就打起了退堂鼓。这时，妈妈鼓励他："摔跤是每个人都必经的阶段。你刚学走路的时候也经常摔跤呀，可现在走得多稳。只要你熬过这个阶段，就能像其他人一样随心所欲地操控滑板了。妈妈相信你，别人能做到的，你也一定行！"

一个假期过去了，周乾终于成功地学会了滑板，性格也变得活泼开朗了。

鼓励孩子坚持运动，不一定局限在跑步、踢球等常规项目上，还有很多运动项目可以让孩子乐在其中。只有孩子热爱运动，才能坚持下去，把一时的兴趣转化为稳定的习惯。

其次，可用集体运动的方式，让孩子在相互竞争和监督中保持运动的激情。

学校里，体重超标的学生越来越多，老师和家长都很发愁。刘老师班上的"小胖墩"小海最近减肥成功，刘老师特地打电话给小海的妈妈，向她询问小海成功减肥的秘诀。

小海不爱动，他的妈妈原本想让他通过运动减肥，可他对运动提不起一点儿兴趣，每次都要妈妈反复催促才肯出门，常常是锻炼了不一会儿就嚷着要回家。看着小海越来越笨重的样子，妈妈很担心。

一次偶然的机会，小海妈妈认识了一位做乒乓球教练的母亲。原来她也在为自己的儿子不爱运动而苦恼。小海妈妈提议让两个男孩一起运动，也许这样会促进他们的积极性。

于是，以"带你出去玩"为理由，妈妈带小海参加了一次乒乓球训练，当然也叫上了那位教练的儿子。不出所料，聊得很投缘的两个男孩凑在一起玩得很开心。为了让他们更有积极性，小海妈妈还让两个男孩叫上自己的朋友一起参与进来。

半年过去了，男孩们都变得强壮了，运动技能也提高了。每次运动，小海都很主动，再也不用妈妈督促了。当然了，小海的体重问题也迎刃而解。

需要注意的是，指导孩子进行体育锻炼时要讲究科学性。孩子尚处于发育阶段，家长不要让孩子超负荷地运动。开始时要避免长跑、打篮球、踢足球等剧烈的运动项目，这些运动消耗能量较多，不利于孩子肌肉、骨骼的生长，应以锻炼平衡性、柔软性和灵巧性的运动为主，比如游泳、打乒乓球、骑自行车等。随着年龄的增长，当孩子的身体素质得到改善时，就可以让他们参加其他大运动量的运动了。

放手让孩子做家务

孩子往往在很小的时候就开始有自己动手的欲望：看到爸爸修理灯具，他想帮着拿工具；看到妈妈叠衣服，他也想搭把手。但此时，他们听到的往往是"你还小，现在还做不了"或者是"你只要好好学习就行了，这些不用你管"。正是很多家长的这种错误态度将孩子这种动手的欲望慢慢扼杀了。要知道，现在不让孩子做、不让孩子学，等他们长大了，他们就什么都不会做，也懒得去做，因为他们头脑中"爸爸妈妈会为自己安排好一切"的想法已经根深蒂固。这样的孩子长大后能否成为称职的丈夫、父亲或是妻子、母亲尚且不论，能不能照顾好自己都是个问题。

事实上，妈妈应该让孩子从小参与家务劳动，这样才更容易让孩子养成热爱劳动的习惯，并使孩子把做家务视为理所当然的事情，而不是分外之事。对孩子来说，适度的家务劳动不仅对增强孩子的体质有好处，还能磨炼孩子的心理素质，让他们明白"一粥一饭，当思来之不易"的道理。这会让他们更加认真地对待别人的劳动成果，在以后的工作学习中也会更加成熟。

我听过这么一件事情。

一天，一对日本夫妇带着他们的一双儿女敲开了邻居家的房门。原来，他们刚搬到中国不久，今天特意带着孩子们做的料理前来拜访。

邻居看到食盒里色香味俱全的饭菜，感到十分惊奇。要知道，女孩才刚刚5周岁，而男孩，只有2岁半。交谈中，他了解到，在这对夫妇看来，吃饭是人类最基本的生存需要，如果孩子连饭菜都不会做，那就更谈不上什么独立生存了。

孩子的妈妈讲述了女儿2岁时刚学做菜的趣事。那时，她还够不到砧板。妈妈让她自己想办法。她就搬来了家里的小凳子，站在小凳子上切菜。可又感觉不太稳固，她干脆把砧板搬到了地上，蹲在地上切起菜来。"孩子这么小就开始接触刀和火，你们不怕他们会有危险吗？"邻居问了困扰自己的一个问题。

"当然不会啊，"孩子的妈妈解释说，"只要教给他们正确的使用方法，就不会有危险。而且，刚开始的时候会有大人在旁边照顾，即使有危险，也等于是让他们多掌握了一条生活经验。"

"最重要的是，"孩子的妈妈强调了一点，"烹饪培养了孩子做事细心、吃苦耐劳的品质和完美主义精神。因为烹饪需要选料、摘洗、切煮、看火候等，不够细心和耐心的话，是做不出美味佳肴的；而无论冬夏，面对炎热的炉火，都不是件特别愉快的事，这就需要吃苦精神；如果菜做得不好，就不受欢迎，所以孩子会要求自己反复尝试、精益求精……"

这位日本妈妈的话值得很多妈妈进行反思，是否应该让自己的孩子尝试着参与他们避之不及的家务劳动，让他们不沾阳春水的双手开始触摸一些生活的味道呢？

　　具体来说，让孩子参与家务劳动，逐步培养孩子的劳动观念和责任感，妈妈可以从以下几方面做起。

　　首先，让孩子做那些他感到对家庭生活做出了重大贡献的家务。除了刷球鞋、打扫自己的房间之类的为他们自己服务的责任外，妈妈可以在征求孩子意见的前提下，安排孩子独立完成一些洗碗、浇花、装订报纸之类的让孩子感到对家庭做出了重大贡献的任务。

　　其次，和孩子一起制订一个家务计划表。这个家务计划表的内容要尽可能的详细，包括完成任务的项目、频率、所需时间和要求达到的标准等。需要注意的是，制订的家务计划要适合孩子的年龄，要留给孩子充足的自由度。任务太多，孩子很难全部圆满完成，会打消他的积极性；任务太少，很难对孩子产生有益的影响，达不到理想效果。需要时，不妨每隔一段时间对家务计划进行适度的调整。

　　再次，安排一些可以和孩子一起做的家务。妈妈给孩子安排的家务，除了大部分是他可以独立完成的，还要有一两件是需要大家一起完成的。和孩子一起做家务，既能增进亲子关系，也能让孩子在劳动中学会如何与人合作。合作中，妈妈一定要保持耐心，要知道，合作的目标不仅仅是成功地完成任务，还是培养大人和孩子之间良好的伙伴关系。

　　最后，适时地给予孩子必要的指导。有些任务妈妈可以让孩子独自摸索，寻找最佳解决方案，而对于一些较为复杂的任务，则需要妈妈给予指导。孩子可能没有办法对冗长的指导做出良好的反应，因此妈妈的指导在不让孩子产生误解的前提下，要尽可能的简洁清楚。

　　此外，对于孩子在做家务过程中因疏忽导致的后果，妈妈不要忙于弥补。比如，孩子忘记倒垃圾，就让垃圾一直放在垃圾桶中，直到孩子想起来并倒掉；孩子忘了在吃饭前摆放餐具，就等他完成后再进餐。总之，妈妈尽可能不要代替孩子承担已经分配给他的家务。

Part 4

有些能力
要从小就培养

懒妈妈未必不是好妈妈

一位母亲为她的儿子伤透了心，在心灰意冷的情况下去找心理医生。医生问："当你的儿子第一次系鞋带时，打了个死结，从此之后你是不是再也不给他买带鞋带的鞋子了？"母亲点点头。

医生又问："当你的儿子第一次刷碗时，打碎了一只碗，从此之后你是不是再也没让他刷过碗？"母亲又点点头。

医生接着问："当你的儿子第一次整理自己的床铺时，用了很长时间，你是不是看不过去，从此一直替他叠被子了？"母亲惊奇地看了医生一眼。

医生继续说下去："儿子大学毕业了，你怕他找不到工作，就动用了自己的关系和权利，给他找了一份好工作。你怕他娶不到媳妇，怕他以后的日子过得不够舒适……"

这位母亲更惊愕了，从椅子上站了起来，凑近医生问："这些你是怎么知道的？"

"从那根鞋带知道的。"医生说。

母亲忧心地问："那我以后该怎么办才好？"

医生回答她说："他生病的时候，你最好带他去医院；他要结婚的时候，你最好先给他买好房子；他没有钱的时候，你最好及时把钱给他送过去。这是你今后最好的选择，别的，我也无能为力。"

故事中的母亲不肯放手让儿子自立，让儿子最终成为了"母爱"的牺牲品。很多妈妈对孩子保姆式的养护，剥夺了他们的动手机会，抹杀了他们的独立意识，甚至让他们连基本的生存能力都丧失了。一项调查表明，我国高中生中近五成从不倒垃圾、不扫地，六成起床不叠被，七成不洗碗、不洗衣服，九成从不做饭，有些高中生甚至连整理书包都要由家长代劳。

在中国，一位13岁考上大学、17岁进入研究所硕博连读的"神童"，在读高中时还要母亲喂饭，上了大学也要母亲陪读，甚至帮自己洗头。父母告诉他，他的全部任务就是学习。他忽略了其他一切"琐事"，包括与同学的交往。一次，老师没来上课，同学告诉他老师的电话号码是"119"，让他给老师打电话，结果他真的把火警找来了。

读研究生期间，他觉得自己长大了，执意不要母亲陪读，却发现自己没有办法安排学习和生活，连吃饭都需要同学提醒，冬天里也不知道多加件衣服，竟穿着单衣、趿着拖鞋去逛天安门。因为只管埋头读书，从不与人交往，考试时间变了他浑然不知，就连硕士毕业论文提交的时间他都错过了。3年后，他收到了学校的"肄业通知书"，被劝退回家。他的母亲这才开始反思自己的教育方式。

在生活中，有很多妈妈像这位"神童"的妈妈一样，不能理智地对待孩子，对孩子事无巨细，唯恐照顾不周。在我国，很多孩子在完成大学的学业后还会选择继续深造，走上社会时已经超过了25岁，而在此之前，他们的生活几乎全部是由父母供养的。更让人瞠目的是，涉世不深、"一心只读圣贤书"的孩子在离开学校进入社会后，面对种种的难题与挑战，干脆放弃、选择回家继续依靠父母生活的也不在少数。

众所周知，在国外，孩子满18岁后就要自己养活自己了，而在中国，很多孩子哪怕是已经结婚成家，还要接着"啃老"，依靠父母为他们买房、装修、养孩子。比起孩子满18岁就推出门的外国父母，中国的家长好像更有责任感，但这样做是否合适呢？

美国作家小霍丁·卡特说过："我们希望有两份永久的遗产能够留给我们的孩子，一个是根，另一个是翅膀。"根指的是一个人的心性和品质，翅膀指的是一个人适应世界的生存能力。

做"懒妈妈"，并不是让自己真正地变懒惰，而是为孩子留下动手动脑的空间，为孩子创造亲身实践的机会，让他们在实践中获得知识和才干。如果妈妈非常殷勤，事事包办代替，恐怕孩子就很难成为真正独立的人。所以，教育孩子，妈妈还是"懒"一点儿比较好。

相信孩子能够照顾好自己

熙熙上幼儿园时，老师会时不时地布置一些亲子互动类型的作业。让我印象比较深刻的是在一次家长会上，老师布置了一项家庭作业——学会剥鸡蛋，要求家长指导孩子完成。当时老师的话音刚落，就听一位妈妈小声地说："这也太为难孩子了，我儿子连鸡蛋长什么样都不知道呢！"老师和我们这些家长听了，都觉得很诧异，这么大的孩子哪能没见过鸡蛋呢。那位妈妈解释说："我总怕煮鸡蛋的蛋黄噎着他，所以到现在还是一直只给他吃鸡蛋清。"一句话让我们在场的所有人都瞪大了眼睛，不敢相信。

很多妈妈不放心孩子，不相信孩子有照顾好自己的能力，简直想把孩子的一切事情都放在自己的掌控之下，但她们忘了孩子是一个在不断成长的独立个体。当孩子到了有自理能力的年龄，妈妈却仍然对他们的事情大包大揽时，很容易加重孩子的依赖心理，或是导致他们产生逆反情绪。事实上，孩子往往比妈妈想象得更能干。他们有很大的潜力，只要妈妈对他们抱有信心，给他们独立的空间和机会，他们就会给妈妈带来很多意外的惊喜。中国青少年研究中心进行的一项调查显示：孩子对父母最大的希望就是父母信任自己。

与上面那位连鸡蛋都没给孩子看过的妈妈相比，熙熙班上另一个小朋友的妈妈就很不同。这个小男孩是中途转学到熙熙班上的。男孩的妈妈第一次参加新幼儿园的家长会，路上，她开玩笑地对儿子说："儿子，妈妈还没有完全适应这个城市，在你们幼儿园里，妈妈也是一个人都不认识，到时候你可要帮我啊。"男孩一本正经地保证："没问题！妈妈，我认识幼儿园里所有的老师和小朋友，包括每天接送小朋友的爸爸妈妈。"到了幼儿园，男孩果真开始履行承诺，他负责地陪妈妈到会议室，严肃地将她介绍给园长和其他老师，还认真地告诉妈妈幼儿园里小朋友的名字及他们的爸爸或妈妈是哪位。

教育家陶行知先生创作过一首《小孩不小歌》："人人都说小孩小，其实小孩并不小，你要认为小孩小，你比小孩还要小。"妈妈一直把孩子看成小孩子的话，即使他已经长到了10岁、20岁，在心里他还是会期待妈妈的关心和保护，像个永远长不大的孩子。所以想要培养孩子的自理能力，妈妈首先要做的就是信任孩子有这种能力，并将这种信任表现出来。对于孩子来说，家长的鼓励与信任会使他们更加自立。那么，具体来说该怎么做呢？

首先，对孩子的进步要表示认可。不要对孩子说"你还小，长大再说""你看你，搞得一团糟""你还是躲远点吧，真是越帮越乱"之类的话，妈妈要用"你越来越能干了""儿子的力气越来越大了""宝贝越来越会照顾妈妈了"等对孩子的鼓励和肯定逐渐建立起他们的自信心。

其次，适度地柔弱一些，让孩子认识到他的重要性。妈妈过于刚强、能干，孩子就失去了施展自己本领的天地，会渐渐变得软弱；相反，如果妈妈表现得柔弱一些，会让孩子意识到自己保护母亲的责任，从而坚强起来。

一位妈妈带着4岁的儿子去医院打退烧针。针刚扎进屁股，儿子"哇"的一声大哭起来。看儿子哭得小肩膀直打战，妈妈自己也忍不住哭起来。儿子发现妈妈哭了，立刻停止了哭泣，揉着眼睛问妈妈："扎针的又不是你，你哭什么？"

妈妈给儿子擦了擦眼泪，说："妈妈胆子小，一看见你哭就害怕。"听了这话，儿子显出一副无奈的样子："唉！你们女人太胆小。算了吧，以后你甭进来了，我一个人进来！"

男孩家楼上有人养了一条大狗，每次上楼，狗一叫，胆小的妈妈就吓得直哆嗦。一次，男孩的爸爸出差了，妈妈对儿子说："这下惨了，你爸一走，我连楼都不敢上了。你要保护妈妈，一切全靠你了！"儿子拍着胸脯保证："妈妈，我来保护你，别怕！"

以后，每当爸爸不在家的日子，每次上楼的时候，儿子都会走前面，让妈妈跟在自己身后。大狗一叫，儿子虽然也害怕，却壮着胆子对妈妈说："有我呢，别怕！跟我走！"从那以后，不论在任何场合，儿子都争着保护妈妈。妈妈逢人就夸："有儿子就是不一样！"

渐渐地，儿子长大了。每当在生活中遇到自己不擅处理的问题时，妈妈还是会对儿子说："一切全靠你了！"儿子在爽快答应的时候，总会流露出一种作为男子汉帮助母亲、保护女性的自豪与得意之情。此后，家里修电器之类的技术活、搬东西之类的力气活基本上都成了儿子的事。

总之，孩子成长的每一个年龄阶段都有其特有的身心发展特点和生活内容，妈妈应充分信任孩子，相信他们有照顾好自己的能力，只有这样，他们的巨大潜能才能得以挖掘。

给孩子尝试的机会

孩子喜欢实践，喜欢尝试，喜欢在这些过程中得到思考和创造的乐趣，并能从中收获到成功的喜悦，个人能力也因此而得到成长。作为妈妈，在保证孩子安全的前提下，与其对孩子看似冒险的尝试行为多加阻拦，不如告诉孩子"不妨试试看"。

我的同学思慧带儿子阿弟去乡下的外婆家玩。看到外婆家院子里高大的杨树，阿弟跃跃欲试地想爬上去，于是他向妈妈请示。思慧看了看那棵树，对阿弟说："去吧！"然后她开始用心观察着阿弟的一举一动。阿弟先是绕着树走了一圈，又在树下仔细看了一会儿，接着就开始笨拙地慢慢向上爬。好不容易爬上树的主干，阿弟却用脚去踩一条很细的枝干。眼看细枝干就要被踩断，她的心都快提到嗓子眼了，刚想跑过去接住马上就要从树上掉下来的儿子，没想到，阿弟却忽然对那条细枝干失去了兴趣，又继续沿着主干向上爬。

　　玩累的阿弟兴高采烈地跑回思慧身边。思慧一本正经地问他："爬树前，你为什么在树下犹豫了那么久呢？""我在观察'地形'啊，看看从哪个方向爬最容易。"阿弟认真地说。"可你刚才还差点儿踩断一条小树枝，从树上掉下来呀。"思慧开玩笑地质疑阿弟。"哎呀，妈妈，我只是想试试那条枝干结不结实，才不会真去踩它呢。"阿弟得意地说。"阿弟很聪明呀，还知道故弄玄虚了！"思慧高兴地摸着阿弟的头夸奖他。

　　阿弟在爬树的过程中，不仅学会了观察，还收获了其他知识。如果思慧因为担心而加以阻拦，那么阿弟就丧失了这次机会。假设他真的会掉下来，那又有什么关系呢？这是他自己的选择，下次他就会知道怎样才能避免掉下来了。想让孩子独立的妈妈要多给孩子一些尝试的机会，你会发现，孩子收获的不仅仅是自由。

　　上幼儿园的一天，熙熙突然对我说，她想一个人"出门走走"。虽然不太放心，但是我没有阻止她，让她自己走出了家门。出于安全考虑，我跟在熙熙后面出了门。我发现，熙熙并不像我想的那样没头没脑，她已经能够在确认安全之后过马路了。

　　等熙熙到了小学三年级的时候，她已经有很强的独立意识，并有能力自己照顾自己了，那时我告诉她"有想去的地方都可以去，但在问路时，还是找穿警服的人最安全"，还鼓励她"回来时，要走与去时不同的路"。

　　在我的鼓励下，熙熙上初中起就已经能自己买车票、订酒店，安排一家人去旅行的一切了。这在其他家长眼里，是非常不可思议的。

　　孩子有独立的要求，妈妈要给予孩子充分的信任和自主权，让孩子自己去体验尝试的喜悦，而且坚信他能够做到。同时，孩子还有很强的好奇心，对自己认为新鲜的事物都跃跃欲试。对于孩子的一些奇怪行为，妈妈不要制止，而应该加以鼓励。这是他们探索世界、积累知识的开端，只要对他们自己和他人没有造成伤害，这些行为是值得鼓励的。

小时候，因为好奇心发作，熙熙曾想"鉴定"一下瓷碗究竟是不是那么容易碎，于是她当着我的面拿了一只碗往地上摔。我没有阻止她，而是让她戴上手套把地上的碎片清理干净，并且让她记住瓷器易碎的常识。后来，熙熙从瓷器易碎联想到同样易碎的还有眼镜、玻璃杯和穿衣镜等，在使用这类物品的时候她知道要轻拿轻放，尽量不打碎这些东西。

孩子是正在发展中的人，独立自主的活动有助于他们的成长。而妈妈需要做的，就是在孩子不断尝试的过程中，帮助他们把不利的、错误的因素转化为积极的、合理的因素，多给他们"尝试——犯错——改正——完善"的机会。

让孩子自己面对问题

　　熙熙上初中后，我就开始考虑将来把她送到国外去读书，一有空，我就会上网查阅留学资料，还会去各种教育展上听各种留学讲座，收集各种名校资料。后来听到一件事，让我对把熙熙送到国外做"小留学生"一事，有了更多的思考。

　　程媛媛在刚上高中时就已经对未来做好了规划——出国读书。她的理由很简单：厌倦了国内的应试教育，不想面对高考。她的想法在父母那里得到了共鸣。生意场上无往不利的父母相信，国外的教育更适合女儿，绝对可以让她出人头地。

　　在读完高一那一年，媛媛在父母的安排下如愿以偿地到了美国。然而，两年过去了，在花费了三十多万元的学费和生活费后，媛媛却不得不回到国内。因为在国外，她的语言一直不过关，无法申请到更高一级的学校。不过，最主要的原因还是她不能融入美国社会。除了上课，她每天都把自己关在房间，吃着零食和国内的朋友在网上聊天。与外界的脱离让她越发感觉到自己同他人的疏离，孤独和恐惧让她只能选择回到父母的怀抱。而此时，她在国内的同学大多已经考上了大学。

程媛媛的情况在国内很有普遍性，很多家长希望把孩子送到国外，既可以接受更高质量的教育，又能开阔孩子的眼界。可是结果却往往事与愿违。原因很简单，这些孩子已经养成了事事依赖父母的习惯，适应能力上存在很大的障碍，无法独自在国外生存。离开了父母，没人替他们遮风挡雨，他们身上的问题开始暴露。让孩子当"小留学生"没有错，有错的是家长们在孩子小的时候把他们放在"温室"中养育，当孩子变成脆弱的"小花"时，又把他们一下扔到外面独自面对"风霜雨雪"，出现各种问题当然是在所难免的。

没有一个妈妈会希望自己的孩子是弱者，如果让孩子一直在妈妈的庇护下长大，不经风浪，不谙世事，孩子又怎能顺利地从在家饱受呵护，过渡到自身足够强大、能够独自面对外面世界的风风雨雨的程度呢？

我的学生初然是一个非常优秀的孩子。初然的爸爸妈妈都是建筑师，因为工作繁忙，他们直到快40岁才决定要一个孩子。姗姗来迟的初然因此被他们视作掌上明珠。虽然很疼爱初然，但他们对初然的宠爱充满了理性。从初然很小的时候开始，他们就有意识地培养她自己动手的能力。

初然刚学走路的时候经常摔跤，每次倒在地上的小初然眼巴巴地看着他们，他们都会说："然然自己能站起来的，是不是？"看到初然站起来了，他们又会说："然然真棒！"等到初然3岁的时候，每次全家一起出去玩，爸爸妈妈都会让她背上为她准备的小背包，里面放着她的手绢和水瓶。

一天，爸爸妈妈带着4岁的初然去朋友家做客。告辞的时候，他们在门口换鞋，发现朋友家养的小狗把初然的鞋带咬断了。

"再给然然找副新鞋带吧。""我女儿的脚比然然大不了多少，她有双新鞋一直没穿过，然然穿它走可以吗？"朋友夫妇热情地帮忙。听到朋友的建议，一直没说话的初然妈妈婉言谢绝道："这是她自己的事，让她自己处理吧。"

这时，一直蹲在地上研究鞋子的初然把头上的橡皮筋摘了下来，对着鞋比划了一下。虽然动作有些笨拙，但不慌不忙的她还是牢牢地把橡皮筋缠在了鞋上。这么一弄，鞋又可以穿啦！

"然然真棒！"爸爸妈妈不由得称赞她。朋友夫妇看到这一幕，想到自己衣来伸手、饭来张口的女儿，不由得有些脸红。

不能不说，初然爸爸妈妈的教育是很成功的，在他们的培养下，初然从小就养成了独自解决问题的能力。聪明的妈妈一定要多加学习，对孩子从小就进行自立教育。不要怕孩子吃苦，更不要怕孩子做不好，谁都不是生下来就会做事的，无论什么事，都要亲自做一下才能学会。孩子只要做成一件事，就有兴趣和信心做成第二件事。成功的次数多了，自信心也就建立起来了。妈妈要毫不动摇地坚持一条原则——只要是孩子力所能及，并且应该由孩子自己去完成的事情，一定要让他自己去做。

有一年暑假，我们给熙熙报名参加了在西双版纳举办的夏令营。因为熙熙是这届夏令营里年龄最小的孩子，西双版纳又远了点儿，我有些担心，就问她有没有需要妈妈帮忙准备的，熙熙骄傲地回答："我自己能行！"

出发前，我检查了熙熙的行李，发现她忘了热带雨林里宿营必备的一样东西——蚊帐。但我什么也没说，只是嘱咐熙熙听从夏令营老师的指导和安排。

两周后，熙熙回到家。我问她："在夏令营玩得开心吗？有什么收获呢？"熙熙回答："西双版纳的蚊子可真多啊，而且咬一口身上就会起一个大大的红包，痒死人了！可我竟然忘了带蚊帐，根本没办法睡觉。还好老师帮了我，没过多久就给我送了一顶……"

其实，我在发现熙熙没有带蚊帐后，就提前告诉了领队老师。

孩子在独立处理问题而遇到挫折和失败的时候，正是妈妈教育他的最好契机。发现熙熙没有带蚊帐之后，我本可以提醒她，或者直接帮她准备一顶，不过这样做对锻炼熙熙独立处理问题的能力有害无益，而且也失去了对熙熙进行挫折教育的好时机。让熙熙经历挫折和失败，她可以从中汲取经验教训，并在不断改进中积累勇气和智慧。

在日常学习和生活中，每个孩子都会遇到很多大大小小的问题。妈妈不要因为觉得孩子笨手笨脚耽误时间，或是怕孩子承受不了失败的打击而包办代替，要给他足够的时间去思考和探索，只有这样，孩子才能逐渐强大起来。

给孩子独立思考的机会

　　某种程度上来说，学会独立思考和独立判断比获得知识更为重要。身处信息时代，思考能力越强的孩子，求知欲望越强烈，学习力和创造力也就越强。这种能力，使孩子能够与时俱进，适应社会发展的需求。而在我们生活中，当孩子遇到困难的时候，有些家长往往是不假思索地就帮孩子把困难解决了。久而久之，孩子就养成了遇到难题不是自己考虑如何解决，而是马上寻求家长帮助的依赖心理。长此以往，孩子的思考能力被扼杀了，解决问题的能力自然更无从谈起了。

　　很多人都有随波逐流的从众心理，没有明确的做事动机，看到别人怎么做自己便也怎么做，缺乏自己的主观见解。在通往成功的道路上，沿着约定俗成的标准前进很容易失去自我。教育孩子，要让孩子拥有自己的见解，持有自己心中的评判标准。那么，该如何让孩子学会独立思考呢?

首先，不要剥夺孩子的思考机会。独立的见解是孩子可以受用一生的宝贵财富。遇事没有主见，没有自己的原则和立场，就无法迈向成熟。当孩子说"我不知道该怎么说""你说怎么办吧""你来替我拿主意"之类的话时，妈妈要让他们自己面对问题，并想出解决问题的方法。如果孩子实在想不出解决办法，妈妈可以逐步加以提示。在提示后，要给孩子足够的思考时间，不要因为速度慢而加以否定，马上将办法告诉他们。对于错误答案，妈妈要启发孩子自己去发现和纠正。

其次，鼓励孩子表达自己的意见。孩子在任何情况下都应当被允许表达意见，妈妈要允许争议的存在，鼓励孩子敢于表达自己的看法。即使说错了，妈妈也不要责怪。对于孩子的正确意见，要加以肯定，这样可以增强孩子的信心。

最后，给孩子创造思考的情境。可以通过提问的方式为孩子创造思考的情境。比如，带孩子去博物馆、科技馆、动物园等，和孩子一起读书或看电视，然后问孩子从中看到了什么，听到了什么。生活中，可以时不时对孩子发问，比如"这两者有什么关系""你的想法有什么根据""你觉得怎么做会更好"等，以引发孩子的思考。

熙熙很小时候，家里养了很多的热带鱼，熙熙的爸爸为此买了一个特别大的鱼缸。一天，午后的太阳斜照在鱼缸上，熙熙指着倒映在地上的彩虹对我说："亮亮！"她的意思是在说："怎么会这样呢？"这时我也充满疑惑地问她："真的呀，好奇怪啊，它是怎么来的呢？"熙熙围着鱼缸转来转去，然后告诉我："是太阳让它亮亮的！"我接着问："为什么呢？"熙熙说："太阳照到水里面，水再照到地上，就这样啦！"虽然熙熙不懂散射的原理，但是她的大脑已经在观察、思考和推理，这为培养她的抽象思维和观察能力做了很好的准备。

此外，不要因为孩子提的问题过于幼稚而加以嘲笑，这会伤害他们的自尊心。对孩子提出的问题要准确、通俗易懂地答复，帮助他们养成勤于思考、勇于探索的好习惯。

鼓励孩子大胆质疑

所谓质疑，就是心有所疑，提出以求得解答。孩子在学习的过程中，除了接受新知识、新观点，还要学会质疑，敢于质疑，善于质疑，因为有了疑问，才能产生自主学习和主动探究的动力。

伟大的科学家、物理学家爱因斯坦曾经说过："提出一个问题往往比解决一个问题更重要，因为解决问题也许仅是一个数学上或实验上的技能而已，而提出新的问题、新的可能性，从新的角度去看旧的问题，却需要有创造力和想象力。"

一项针对我国和美国在校大学生的调查显示，针对"课堂上提问或讨论"这一问题的几个选项，我国大学生中超过20％的学生选择的是"从未"，而选择这一选项的美国大学生只有3％；我国大学生只有3％的学生选择"经常提问"或"很经常提问"，而选择这一选项的美国大学生则约有63％。毫无疑问，"不会提问"已经成为我国学生的短板。

培养孩子的质疑能力十分重要。孩子能时常提出问题，敢于质疑，是多思好学、求知探索的表现，他们能够通过思考问题、解决问题获得知识、增长学问。那么，妈妈应该怎样从小培养孩子的质疑能力呢？

首先，不让孩子迷信权威。

"尽信书"而不敢质疑会极大地扼杀孩子的创新思维。妈妈要告诉孩子：世界上没有无所不知、无所不能的人，不要盲目迷信权威，不要因为顺从而轻易否定自己的观点。鼓励孩子大胆质疑权威能够增强孩子学习的主动性，对他们的能力也是一种肯定。同时，孩子也能学会在关键时刻坚持自己的正确意见，不随波逐流。

其次，鼓励孩子大胆提问。

妈妈要让孩子明白，每一个优秀的学习者，都必定是一个有着强烈问题意识的人。甚至曾有人说，如果没有了问题意识，天才也会走向平庸。

英国哲学家罗素曾经问过剑桥大学著名学者穆尔这样一个问题："谁是你最优秀的学生？"穆尔毫不犹豫地回答是维特根斯坦，因为在听他讲课的时候，学生中只有维特根斯坦总是面带迷茫的神色，有一大堆问不完的问题。后来，维特根斯坦果然在哲学上取得了巨大的成就，甚至超过了罗素。

美国化学家、诺贝尔奖获得者赫伯特·布朗曾说过："我的祖父总是让我自己提出问题，自己找出理由，然后让我自己知道为什么。我的整个童年时代，父母都鼓励我提出疑问，从不教育我依靠信仰去接受一件事物，而是一切都求之于理。"孩子善于提出问题或发现问题说明他们有比较强的好奇心和求知欲，而且从侧面反映出他们已经拥有了比较丰富的感性经验。有些孩子因为害怕提出奇怪问题被拒绝而不敢提问，对此，妈妈要为孩子营造一个和谐、民主的家庭氛围，让孩子感到自已是有充分自由来提各种问题的。当然，妈妈也要让孩子养成"非思不问"的习惯，不要随意发问，而是要经过自己仔细思考后再问。

再次，耐心解答孩子提出的问题。

孩子们的想象力丰富，好奇心也非常重，他们经常会提出许多异想天开的问题。一位妈妈曾对我抱怨，说她的儿子经常向她提出一些让她无法回答的问题。

新学期开学第一天，已经是二年级小学生的男孩放学一回到家，就迫不及待地从书包里掏出新发的语文书看了起来。妈妈看男孩学习的热情这么高涨，高兴地去厨房给他做好吃的。

没过一会儿，妈妈就听到男孩在大声喊："妈妈，你说骆驼和羊没事为什么要比个子玩呢？"妈妈被男孩突如其来的问题弄懵了，问清楚了才知道，原来他正在看一篇叫做《骆驼和羊》的课文。课文里，骆驼长得高，能抬头吃到树上的草；羊长得矮，能钻过矮门吃院子里的草。它们为谁的身高更好争执不下，评理的老牛告诉它们："你们俩都只看到自己的长处，看不到自己的短处，这是不对的。"了解了课文内容，妈妈对男孩说："因为骆驼太高，羊太矮，它们的身高很有代表性，所以用比个子的方式能更好地表现出各自的优缺点。"

男孩又问："可是它们比别的不行吗？"这时，妈妈已经有些不耐烦了："当然可以比别的，这么写课文就是为了让你们更容易理解。"说着，就要回厨房。"可是妈妈，它们为什么不找别人评理，非找老牛不可呢？""老牛显得老实可靠，所以找它呗，找只狐狸评理，谁敢信呐！"眼看男孩还要问什么，妈妈连忙走开了，边走边说："哎呀，你怎么这么多问题呢，再有问题问你们老师去！我还要做饭呢！"

"我儿子每天都会问我许多类似的问题，让我真是没有办法应付啊！"这位妈妈最后无奈地说道。

孩子提出疑问是孩子积极思考的表现，妈妈应当给予鼓励和保护，千万不要表现得不耐烦，否则会打击孩子质疑的积极性。一个6岁的女孩这样问妈妈："我们开电风扇是为了吹风，让自己更凉快。那为什么开电风扇的时候不把窗户关上呢？这样风跑不出去不就更凉快了吗？"这时，妈妈就可以利用这个机会给女儿讲讲气流，还可以接着问女儿风有哪些作用，鼓励女儿说出更多的答案。这种方式对培养孩子的发散性思维、开发他们的创造力很有好处。

如果孩子提出的某个问题妈妈自己也不知道答案，千万不要为了面子而敷衍、欺骗孩子，如果孩子发现妈妈是在糊弄他，那么很可能以后就不会再向妈妈提问题了。

在解答孩子提出的问题时，有些问题是可以通过言语就直接解决的，有些则需要通过一定的实践才能让孩子有切身感受，对于后者，妈妈要尽可能地为孩子安排实践机会。对于那些孩子自己动脑或者查阅书籍就可以得到解答的问题，妈妈要鼓励孩子自己解决。

最后，善于向孩子提问。

除了耐心解答孩子提出的各种问题，妈妈还应该经常主动向孩子提一些他感兴趣的问题，引导孩子积极思考，激发孩子的求知欲望。同时，妈妈的提问行为对孩子来说也是一种良好的行为示范。值得注意的是，妈妈对孩子提出的问题要符合孩子的年龄和知识量，否则，提出的问题太难或太简单都会挫伤孩子思考的积极性。

明代学者陈献章在《论学书》中写道："学贵有疑，学源于思，思源于疑。小疑则小进，大疑则大进。"如果说"思"是学习的重要方法，那么"疑"就是启迪思维的钥匙。拥有战略眼光的妈妈要从孩子小的时候起，从日常生活点滴小事中，培养孩子可贵的质疑精神。

扩大孩子的知识面

有关研究表明，丰富的想象力和超凡的创造力都是以丰富的知识和经验为基础的。一个发明家如果不能掌握各式各样物体的信息，他就无法通过创新造出新的产品；一个画家脑海中如果不能储存丰富的人物和事物的形象，他就不能创造出栩栩如生的作品。

俗话说："巧妇难为无米之炊。"如果孩子的头脑中没有储存足够的信息，那么所谓的想象和创造也只能是空谈。但沉重的学业负担，家长和学校给予孩子的重压很容易成为孩子发展创新能力的桎梏。从小在这种氛围培养长大的孩子很容易形成固定思维，只懂得"死读书"。为了改变这种情况，培养孩子的创新能力，妈妈应该有意识地扩大孩子的知识面，丰富孩子的知识储备。

对涉世未深的孩子来说，旅行的过程是他们增长见识、锻炼能力的过程。有条件的妈妈一定要多带孩子出去走走看看，多给孩子一些锻炼的机会。

从熙熙4岁起，我和她爸爸就经常带她去各地旅游。每到一个地方旅行之前，我们一家三口都会一起查阅或上网查找有关旅行目的地的相关资料和旅行攻略，这么做，主要是想让熙熙对要去的地方有个初步的认识和了解。旅行过程中，我经常询问熙熙对某个景点的看法，等她大一些，我还鼓励她写一些简单的旅行日记。迷路的时候，我和她爸爸常常都是站在一边，而让熙熙去问路。等熙熙足够大了，每次出行前，我都让她自己准备该带的物品，还专门给她准备了一个小的旅行背包。上初中后，熙熙就能自己独自去一些附近的城市旅行了。

不要小看旅行对孩子成长的重要作用。在我们有意识的培养下，熙熙不但锻炼了身体，增长了地理、历史等方面的知识，写作能力和人际交往能力也得到了提高。

有一些妈妈埋怨自己，虽然想给孩子买很多书看，想带孩子去各地转转，但家庭经济条件不允许。如果把家庭教育单纯看作是在家里教导孩子，妈妈当然难免让自己在物力、精力和能力上捉襟见肘，但如果把教育看作是孩子的社会化，那么就会发现其实身边有很多的教育资源可以利用。

1. 图书馆。读书对孩子来说，是最简单快速的增长见闻的方法。如今，我们的城市并不缺少图书馆，缺少的，是有意识利用图书馆的人。很多妈妈对孩子提出的各种问题难以作答，这时，不妨让孩子自己去图书馆找答案。

2. 博物馆。妈妈应充分发挥博物馆博大精深的文化内涵对孩子成长的作用，为孩子选择适合其年龄特点的博物馆进行参观。这不仅能够让孩子获得新的知识，还能让孩子享受到难得的静谧、幽雅气氛，彻底放松心情。博物馆中的陈列品也有助于孩子在具体实物和抽象概念之间建立联系，巩固所学知识。

3. 文化街。妈妈带孩子去文化街游玩，孩子可以从文化街中感受到浓郁的文化气息：古玩珍品、民间书画、剪纸艺术、石刻玉雕……沉浸在这些富有民间气息的文化氛围里，能够大大提高孩子的艺术领悟力。

　　4. 大自然。有空的时候，妈妈可以带孩子去附近的树林、田野中走走，让孩子在大自然中怡情养性；或是带孩子到农村去，让他了解播种和收获，认识各种粮食蔬菜，体会劳动之美。

　　此外，妈妈与孩子一起上网也是不错的方式。网络的普及，拉近了世界各国之间的距离。妈妈可以定期抽出时间，和孩子一起上网，利用网络了解世界各国的风土人情，并对世界各地新近发生的重大事件有所掌握。如果孩子的外语比较好，妈妈还可以引导孩子去国外的一些网站看看，让他们认识一些外国小朋友。这对培养孩子多元化的思维十分有好处，而且可以辅助孩子的外语学习。

重视孩子想象力的培养

科学家爱因斯坦曾经说过："想象力比知识重要，因为知识是有限的，而想象力概括着世界上一切进步的东西，并且是知识进步的源泉。"相对于成人，孩子的想象力更加天马行空，丰富多彩。在孩子眼中，世界是神奇而充满诱惑的。在一些大人们看来司空见惯的事情上，孩子却有着他们自己的观察角度与理解方式。千万不要小看这些充满稚气，甚至近乎荒诞的异想天开，那里面很可能萌发着惊人的创新幼芽。所以作为妈妈，要保护和引导孩子的想象力。

一次，我去幼儿园接熙熙，恰巧看到这么一幕。一个小男孩正在纸上认真画飞机，他的妈妈来接他，看到儿子画飞机，她总觉得儿子的飞机画得很别扭，于是就对儿子讲，他画得不对，这个地方应该这样画，那个地方应该那样画……后来干脆握住儿子的手"一起"画了起来，终于画出了一架她认为很像飞机的飞机。但儿子却并不开心。他问妈妈："这是你想要的飞机，为什么我就不能画我想要的飞机呢？"

孩子有着丰富的想象力，他们眼中的世界是独特的。他们有时会把大海画成方形的，把陆地画成漂浮的，把阴天的太阳画成带着墨镜的，把满天星星画成手舞足蹈的。这些都是他们发挥想象力、发散思维的结果。孩子那种任意而为、纯真夸张的想象，对于他们将来的成长大有裨益。如果用成人的思维方式对他们进行粗暴干涉，会扼杀他们的想象力和创造力。

妈妈千万不要对孩子的异想天开泼冷水，而应多加鼓励，从他们的胡思乱想中发现积极的因素，并正确地加以引导。平时，可以对孩子多做一些想象力方面的训练。

妈妈可以经常提问孩子一些脑筋急转弯的题，鼓励孩子在思考问题时多转几个弯。就像"树上有十只鸟，用枪打下一只还剩几只"这样的问题，幼儿园孩子的答案就比成人的要千奇百怪得多。他们会问，打下来的那只鸟有没有怀宝宝的，这十只鸟里有没有听不见的等。这些在成人看来不按理出牌的提问其实是非常可贵的，值得鼓励和提倡。

妈妈还可以经常对孩子提一些开放式的问题。比如：孩子说要在火车站里建游泳池，妈妈就可以问他："为什么呢？"孩子可能会说："因为夏天火车站里很热，如果里面有个游泳池，我们就可以一边游泳一边等车了！"接下来，妈妈可以进一步地启发孩子，如果要在火车站里建游泳池，要用哪些东西，会带来哪些不便，最后再决定修不修。如果妈妈一开始就对孩子说："真是异想天开，火车站里怎么会有游泳池呢？"孩子的兴致一下就被浇灭了，更不要提发挥想象力了。

除了提问题，用讲故事的方式来培养孩子的想象力也是不错的。比如：可以给孩子画一些简单的符号，一条线、一个半圆、一个椭圆等，让孩子根据这些来组合故事，鼓励他们尽可能多地想出一些完全不同的故事出来；还可以讲一些有启发性的故事给孩子听，让孩子想象出下面的故事情节。

培养孩子的创造力

"我儿子纯粹是个'破坏大王'，刚给他买的玩具汽车，拿到手里没两天就被他拆成一堆零件。家里的闹钟和收音机也都遭了殃，被大卸八块。有一次，他还用胶水粘打破的镜子，想要'破镜重圆'……"谈到家里孩子的破坏力，很多妈妈都是一脸的无奈。

成长中的孩子总是对各类陌生的事物充满新鲜感，并且身体力行，想用自己的双手来探索未知。面对轮船模型，他们可能把它拆得七零八落。因为他们会想知道它是如何起作用的，往往还能自己找出多种有创意的玩法。而这，正是他们创造意识和创造力的萌芽。

妈妈要理解孩子的这种天性，并且加以引导，让孩子的创造意识得到进一步深化，这有利于他们的大脑发育以及自身处理问题能力的提高，更重要的是能让孩子从小培养出一种浓厚的求知欲望，形成善于创造的好习惯，这对他们今后的学习和工作大有助益。儿童教育家陈鹤琴先生就曾经说过："儿童本性中潜藏着强烈的创造欲望，只要我们在教育中，注意诱导，并放手让儿童实践探索，就会培养出创造能力，使儿童最终成为出类拔萃的符合时代要求的人才。"

在这方面，美国家长尤其重视对孩子创造力的培养。他们鼓励孩子在卧室的墙上为自己开辟一片领地，可以在墙上挂一个小画板、贴一些喜欢的图片、用艺术字写座右铭；让孩子自编小短剧在家人面前表演，给孩子创造表现自己的机会；鼓励孩子亲手制作送别人的礼物；为孩子准备他自己专用的家庭工具箱，支持他们种花、植树、养小动物、做小实验、搞小制作等。

在培养孩子的创造力上，妈妈可以从以下几方面入手。

首先，要呵护、激发孩子的好奇心。面对新鲜、未知的事物，人都有去了解和探索的本能。孩子对世界的认识是从好奇心开始的，强烈的好奇心会增强他们的求知欲，而在获得知识的过程中，孩子能够体验到乐趣，这种乐趣会激励他们不断探究未知的领域。

所以，好奇心对孩子创造性思维与想象力的形成具有十分重要的意义。好奇心是孩子与生俱来的，但是如果不好好呵护的话，就会慢慢消退。妈妈要用爱心和责任心来呵护孩子稚嫩的好奇心。同时，妈妈还要善于用拆装玩具、猜谜游戏、为故事编结尾等方式激发孩子的好奇心，并巧妙引导孩子将对事物一时的探究欲望转化为长久的兴趣和动机。

其次，要让孩子多接触新鲜事物。丰富的想象力是创造的源泉，但想象不是凭空而来的，也需要丰富的生活实践。人们接触的事物多了，大脑里才能积累丰富的表象，这些表象经过改造、重组，就会产生新的表象，创造也是由此而来的。平时，妈妈可以通过多样的形式丰富孩子的生活，开阔孩子的视野。孩子认识的事物越多，想象的基础就越宽广，就越有可能触发新的灵感，产生新的想法。把孩子关在家里，让他们看书、写字、画画的做法，只会把他们培养成书呆子。

最后，要指导孩子正确尝试。妈妈应该积极鼓励孩子的尝试行为，也许有些行为不合理，甚至还可能存在安全问题，但妈妈不要简单地制止，可以有针对性地对他们进行指导。妈妈可以鼓励孩子进行废物利用的操作，比如用塑料瓶做装饰品，用玻璃片做万花筒等；还可以让孩子自己动手修理自行车，拆装坏闹钟、废手表和旧玩具。这些都能培养孩子的创新和动手能力。

11岁的海洋是我们小区的"小科学家"，他特别喜欢自己动手做一些小实验。他会把旧玩具上的零件拆下来，重新利用，赋予这些玩具新的生命。到他家里做客就会发现，在客厅里、他的房间里，满地都是被他拆得七零八碎的旧玩具。对海洋的这种行为，他的爸爸妈妈并不反对，还经常鼓励他勤动脑，多动手。

一次，我们楼道里的感应灯坏了，漆黑一片，大家进出都很不方便。正巧，海洋那几天在做电灯泡通电的实验。一根电线、两节电池、一只从坏掉的手电筒里取下的小灯泡，正负极一连接，海洋很快就让漆黑的楼道亮了起来。

妈妈还可以利用现有条件让孩子进行一些科学小实验，比如水的三态实验、水中沉浮的规律实验等。每个小实验都蕴含着自然科学的奥秘，有助于培养孩子对自然科学的兴趣，激发他们的求知欲和创造力。

帮助孩子融入人群

　　社会交往能力越强的人越容易走向成功。随着社会的进步，孩子的成长环境越来越优越，生活内容的丰富让孩子有了更多外在表现的机会，妈妈该怎样帮助孩子，尤其是那些害羞腼腆的孩子更加顺利地融入到新的团体中，让孩子在学习好、能力强的同时，有个好人缘呢？可以从以下几个方法入手加以培养。

　　首先，要给孩子积极的暗示。有些妈妈为了在社交场合挽回面子，常常当着孩子的面对别人说"我女儿太腼腆""孩子有点认生"，或是"他是我们家脸皮最薄的"。孩子听多了妈妈对自己的消极评价，就会认为自己的个性就是内向的、害羞的，从而视腼腆为理所当然，以后还会利用这个标志来逃避不喜欢的人，让害羞成为有意识的行为。所以，妈妈要宽容和理解孩子害羞的行为，多鼓励他们，给他们积极的暗示，而不是乱贴负面标签。

刘老师的女儿盼盼是个很容易害羞的女孩。偶尔有熟悉的长辈对她开个玩笑，她不是支吾着说不出话来，就是哭着跑开了。遇到这种情况，急性子的刘老师都免不了要批评女儿一顿："我怎么有你这么个不争气的女儿，连句完整话都说不出来！"为了避免尴尬，刘老师带盼盼出门的次数越来越少了。盼盼很伤心，却又不知道该怎么办。

一天，刘老师的朋友来家里做客，还带来了一个活泼可爱的小妹妹。在盼盼房间，小妹妹央求盼盼跟自己一起唱儿歌，盼盼起初不敢，但禁不住小妹妹的反复恳求，还是答应了。没想到，小妹妹居然拉着盼盼来到客厅，要给大人表演。盼盼不想让小妹妹失望，结果，两个孩子就当着大人的面唱了歌，还跳了舞。刘老师夫妇和客人们都很高兴，交口称赞。盼盼自己也很开心。

客人离开后，刘老师对盼盼说："你今天的表现太棒了！妈妈终于知道盼盼也是个开朗大方的孩子。过去是妈妈不好，误会了你，还总是批评你。现在，妈妈跟你道歉。"看着刘老师真诚的样子，一直笼罩在盼盼心头的乌云渐渐消散了。

如今，盼盼已经上了大学，并当上了学生会长。刘老师很为这个女儿骄傲，经常在我面前夸奖自己的女儿。

有时候，孩子之所以在人际交往中容易显得紧张慌乱，与妈妈不当的教育方式有很大关系。一个自信心严重受创的孩子，又怎么能变得开朗大方呢？当孩子害羞胆怯、不知所措的时候，妈妈要做的，就是不厌其烦地支持和鼓励他们。

其次，让孩子学习与陌生人说话。有的妈妈怕孩子在外面受欺负，会吃亏、学坏，就经常吓唬孩子，时间久了，孩子变得胆小，怕见生人；还有的妈妈怕孩子与外界接触会传染疾病，而情愿选择让他们闭门独处。事实上，教会孩子如何面对陌生人要比将他们与外界隔离好得多。妈妈应该为孩子创造外出活动和与人交往的条件，放手鼓励孩子和周围的小朋友一起玩耍，他们的交往能力会自然而然地得到提高。比如经常和左邻右舍打个招呼，节假日走亲访友，利用购物、散步、乘车的机会和陌生人接触等。

再次，鼓励孩子与朋友互相到各自家里做客。有的妈妈为了保持家里的干净整齐，不太愿意让自己的孩子邀请朋友来家里玩。事实上，如果妈妈鼓励孩子邀请朋友到家里来玩，孩子们就会有更多的时间在一起，也就有更多的机会去学习处理在游戏过程中可能发生的纠纷等。妈妈还可以鼓励孩子带些小礼物去朋友家做客，这样既礼貌，又能让孩子学会分享。

最后，修正孩子在交往中的不当行为。在交往过程中，孩子可能出现不当行为，比如不礼貌、过分吝啬或者欺负小朋友。妈妈要帮助孩子认识自己行为的不当之处，帮助他改进；还要教给孩子日常礼貌用语，当孩子在别人面前能够很好地使用的时候，通常会得到对方的良好反馈，这对增强孩子与人交往的信心大有益处。

培养彬彬有礼的孩子

　　一天，苏联儿童文学家盖达尔来到少先队的夏令营营地，他要为这里的少年朋友们讲述自己创作的童话故事《一块烫石头》。

　　孩子们聚精会神地倾听着盖达尔的故事，正在这个时候，陪盖达尔一起来的、他5岁的小女儿珍妮却旁若无人地在旁边走来走去，还时不时地跺跺脚，发出恼人的声音，想引起别人的注意。看着她那得意洋洋的神情，大家都猜到了她想表达什么："瞧我多么了不起！我是盖达尔的女儿！你们一个个都在听我爸爸讲故事呢！"

　　盖达尔看到珍妮的所作所为，中断了故事，提高嗓门对大家说："请把这个不懂礼貌、不守秩序的小家伙撵出去！她妨碍了大家安静地享受故事。"小珍妮没料到爸爸竟然这么"绝情"，连哭带喊地撒起野来，但是没有人同情她，她硬是被工作人员拖了出去，一个人在一间小屋里对着墙哭了个痛快。

盖达尔的故事结束了，孩子们对他报以经久不息的掌声，感谢他讲述的动人故事，更感谢他为他们上的生动一课。在盖达尔即将离开的时候，两个少年送给他一个笔记本，扉页上写着："赠给公正无私的阿尔卡蒂·盖达尔伯伯。"

孔子说："不学礼，无以立。"文明礼貌是孩子随身携带的"教养名片"，孩子越早拥有礼貌的态度，越容易被别人接受。5岁的小珍妮想要借着父亲的声望出风头，做了十分不礼貌的举动，而盖达尔则没有放任女儿的这种行为，因为他知道，文明礼貌是孩子做人处世的起点，必须从小培养。那么在生活中，妈妈该怎样做才能培养出彬彬有礼的孩子呢？

首先，妈妈要为孩子树立一个讲文明懂礼貌的好榜样。比如，见到熟人主动打招呼和问候；和长辈讲话用尊称和敬重的口吻，即使在背后也不能当着孩子的面对长辈指名道姓，议论长辈的是非；就餐时先请客人和长辈入席，并注意就餐礼仪，同时告诉孩子不能长辈还未上桌就自顾自地开始吃饭，要正确使用餐具，不能旁若无人地高声喧哗等。

一天，熙熙对我发脾气，我有些生气，对她说："对妈妈这么大声讲话，很不礼貌。"话音刚落，熙熙就开始小声嘟囔："你和爸爸生气的时候也是这么大声说话的。"熙熙的话让我突然想起，虽然我们一直注意不在熙熙面前争吵，但是前几天我确实当着她的面和她爸爸拌了几句嘴。看来，家长的一言一行，孩子们都看在眼里，记在心里，哪怕家长有再小的过失，也会对孩子产生一定影响。从那以后，我和熙熙爸爸更加注意克制自己的脾气，下决心要给熙熙树立一个好榜样。

其次，要创造机会让孩子反复练习，不要急于求成。日常生活中，妈妈应该随时随地尽可能地鼓励孩子运用文明用语，强化孩子的礼貌意识。当孩子有了好表现的时候，要及时地予以肯定。在教育孩子的过程中，妈妈一定要斟酌好尺度，视孩子的性格及具体情况区别对待。通常来说，受年龄限制，即使是受过训练的孩子，也难免出现失礼行为。

这时，妈妈尽可能不要当着外人的面严厉批评孩子。要养成讲礼貌的习惯不是短期内就可以速成的，妈妈可以在事后告诉孩子自己行为的失当之处，并鼓励孩子对他人道歉，不要因为过于严厉的批评使孩子形成抵触心理。而盖达尔之所以当众严厉地批评珍妮，是因为凭他对女儿的了解，珍妮自恃不凡的傲气和优越感如果不加以遏止，会使她成为一个难以融入集体的人。他的做法对珍妮来说比枯燥的说教要有效得多。此外，阿茂奶奶的做法也很值得妈妈们学习。

爸妈对阿茂不太懂礼貌的缺点很是头疼。夏天到了，他们把阿茂送到外地的奶奶家过暑假。

阿茂想吃苹果了，就冲着奶奶大喊："给我拿个苹果！"

阿茂的奶奶是幼儿教师，对教育孩子很有一套。为了改改阿茂的坏习惯，她故意装作没听见。阿茂叫了几声，见奶奶不理她，就跑过来说："奶奶，你不疼我。没听见我说要吃苹果吗？"

奶奶说："我听见了，可我不知道你在叫谁呀，你又没有叫'奶奶'。"

阿茂撒娇地晃着奶奶的胳膊说："奶奶，我想吃苹果。"

"阿茂，你说得还不对。"

"怎么又不对了？"

"你要说，'奶奶，我想吃苹果，请您帮我拿一个，好吗？'"

在奶奶的示意下，阿茂把这句话重复了一遍。奶奶这才给他拿了一个苹果。

等阿茂吃完，转身出去玩儿时，却被奶奶一把拉住，对他说："还没完呢！"

阿茂瞪大了眼睛说："完了，吃完了！"

奶奶说："你还没有说谢谢呢。"

"啊？还要说声谢谢？"

"当然啦，别人帮你做了事，你怎么可以不道谢呢？"

这位聪明的奶奶就这样教导阿茂从身边点滴的小事里学会了使用文明用语。

最后，可以教孩子一些待客之道。有些妈妈为了避免孩子打扰到来访的客人，而把孩子打发到一边，让他们自己去玩。这样做也许能够获得一时的安静，却减少了培养孩子社交能力的机会。而这一不经意的举动，也可能伤害到孩子的自尊心，久而久之，家里一来客人，他们就会自动躲开。

有客人来访时，妈妈要试着让孩子学会用主人的身份招待客人，学会礼貌待客，比如：客人来访时，听到敲门声说"请进"；见到客人按称谓主动亲切问好；拿出水果、茶水等热情招待客人；大人谈话时，不随便插嘴；客人带小朋友来，主动拿出自己的玩具一起玩；客人离开时说"再见"，并欢迎客人再来。

培养孩子的合作精神

我班上的张楠是个骄傲的男孩，他平时比较自我，喜欢指挥别人。体育课的时候，班里的男同学经常会在操场上分成两队踢足球，这时，大家都不喜欢和张楠一队，因为他总是只图个人表现，得到球就射门，根本不与队友合作，弄得有他在的那一队经常丢分。时间久了，大家经常不约而同地不传球给他。

我发现只要是有体育课的那天，张楠的情绪总是不太好，便找来班上的体育委员了解情况。了解实情后，我对张楠说："张楠，球队是一个团体，不能总是想着自己能得到几次射门机会、能进几个球，而应该与其他队友互相配合，将整支球队的力量发挥出来，共同寻找最佳的时机进球。如果每个队员踢起球来都像你这样，那么球队就是一盘散沙，又怎么可能获胜呢？"听了我的话，又想到队友们对自己的态度，张楠惭愧地低下了头。

学校教育如此，家庭教育亦如此。在家中，妈妈要鼓励孩子参与竞争，同时也应该提倡孩子学会合作。良性竞争能激发孩子的学习兴趣、强化学习动机，激励孩子最大限度地发挥个人潜能，实现自我超越；而互助合作则能启发孩子的思维，并能培养孩子的同情心、利他心。

善于合作是孩子未来立足社会所不可缺少的重要素质之一。一个具有合作精神、合作能力的人，更容易获得他人的支持，因而其成功的几率也会大大增加。然而，家长过度地呵护与溺爱导致很多孩子，尤其是独生子女，做事习惯于以自我为中心、缺乏团结协作精神。对此，妈妈必须帮助孩子树立正确的合作意识。

1. 要让孩子学会接受和欣赏别人。有效的合作要求双方能够充分利用各自优势和资源，弥补各自的不足来共同获取更大的效益，在这个过程中，对合作伙伴的接纳和欣赏非常重要。因为只有做到这一点，合作才有了真正的动力和基础。为此，妈妈可以通过讲故事等形式让孩子明白，每个人都有各自的长处和短处，不要妒忌或是轻视别人的长处，也不要自傲或是对自己失去信心，要善于发挥彼此的长处，互为助益，从而实现双赢。

需要注意的是，妈妈自己也应在日常的工作和生活中坚持用这种态度来对待他人，为孩子做表率。

2. 要让孩子多参加集体活动。如果孩子总是习惯于一个人独处，很难对人与人之间互帮互助有真切的感受，自然也就体会不到合作的力量和神奇之处了。这样对孩子以后融入社会会有不利影响。所以，妈妈要鼓励孩子到集体中去，在集体活动中自觉地领悟与他人真诚合作的必要性。而这也有助于孩子形成开朗、大方、乐于助人等优秀品质。对于一些不太合群的孩子，妈妈更应该争取各种机会，让他们参与到群体中去。

调查表明，合群、喜欢参加集体活动的孩子在知识范围、语言表达能力、人际交往能力等方面，均明显优于性格孤僻、不爱交往的孩子。让孩子融入到集体生活中，在集体活动中做一些自己能做的事，不仅能让他们学会很多技能，更重要的是能从中培养他们与人交往、合作的能力。妈妈可以鼓励孩子多参与排球、篮球等体育运动。这些项目里既有团队之间的对抗，更有团队内部的配合，非常有利于培养孩子的团队精神与竞争意识。

3. 要让孩子感受到合作的快乐。孩子在与他人的交往中逐渐学会合作以后，如果能从中感受到愉悦，会有渴望继续合作的冲动，从而有意识地主动寻求与他人的合作机会。所以，妈妈要注意引导孩子感受合作的成果，体验合作的愉快，激发他们进一步合作的内在动机，使他们的合作行为更加稳定、更加自觉。为此，妈妈可以引导孩子比较成功或失败的合作经历，让孩子从中总结经验，让他们在实践中体会合作的快乐和必要性。

需要注意的是，不是所有合作都会取得成功，妈妈要让孩子明白，只要在合作的过程中，所有参与者都尽到了自己的最大努力，同时，每个人都非常愉快，这就是成功的合作。妈妈还要对孩子合作后的结果给予恰当的肯定，对不能与他人很好合作的孩子给予指正和鼓励，以免孩子对合作伙伴产生抱怨情绪，从而打消继续合作的积极性。

此外，妈妈要告诉孩子，在合作的过程中，不能唯我独尊，只顾自己，要充分考虑他人的需求和感受，必要时需要做出一些让步和牺牲；要尊重对方，服从大局，但也要有自己的立场，迁就和让步是有限度的；要想取得合作伙伴的尊重和信任，坚持自己的正直个性更是不可缺少的。

从小培养孩子的理财能力

理财能力的高低与挣钱多少没有关系。有时候，理财能力的高低甚至比智商的高低更能决定一个人的生活质量。理财能力高的人，即使收入一般，也能将生活过得有滋有味。在美国石油大亨洛克菲勒给儿子的一封信中就有这样一句话："财富不是指人能赚多少钱，而是你赚的钱能够让你过得有多好。"

对孩子进行理财教育，当然不是对他们大谈特谈通货膨胀、房价波动的原理和股市的动态，对孩子讲这些连很多大人都弄不明白的知识无异于对牛弹琴。给孩子讲理财，就是教孩子一些简单的金钱规划原理，培养孩子基本的财商。

在我国，一些年轻父母已经意识到培养孩子理财能力的重要意义。但更多的家长对此还持怀疑态度。很多家长存在着两种极端的做法：一是过分淡化金钱的作用，为了避免拜金主义、唯利是图等不良观念在孩子身上滋长，而让孩子从小远离金钱；二是过分夸大金钱的作用，将前途等同于"钱"途，让孩子将赚钱多少作为衡量人生价值的唯一标准。

事实上，两种极端做法都是错误的。正确的理财能力是当代社会每个人都必须具备的，这种能力的培养最好从少儿阶段就开始，5~12岁是对孩子进行理财教育的关键期。

同很多能力的培养一样，理财教育也要循序渐进地进行，应遵循孩子智力发展的规律，在不同年龄阶段采取不同的教育方法。在美国，对儿童理财教育的要求是，3岁时能够辨认硬币和纸币，4岁时能够在购买商品时做出选择，5岁时知道钱是怎么来的，6岁时具有"自己的钱"的意识，13岁时开始打工赚钱，学习运用一些简单的投资工具。这种教育方式值得我国的家长进行反思。

作为新时代的妈妈，必须在对孩子的家庭教育中加入培养理财能力这一条。大致而言，可以分为三个阶段：

第一阶段，5岁之前，让孩子对金钱有个明确的概念。

两三岁的孩子，在听到大人谈论有关钱的话题时，好奇心会促使他们询问一些相关问题。妈妈可以借此机会向孩子讲解这方面的内容，在潜移默化中向孩子灌输正确的金钱观。因为5岁之前的孩子大多只对具体的东西感兴趣，没有办法理解抽象概念。

在这个阶段，妈妈只需要给孩子传授一些简单的金钱知识。比如告诉他们，钱币和钱币之间在数额上有大小之分；没有办法把商品买光，所以必须做出选择；定期把钱放在储蓄罐里，积攒到一定数量，就可以实现一定的心愿。

一些不良消费习惯的养成，往往在5岁前就初露端倪了，妈妈要能够拒绝孩子的无理需要。不过，有时候很可能妈妈费尽了口舌，孩子却仍坚持想要某个东西。对这个年龄的孩子来说，这很正常。重要的是，要让孩子习惯听到妈妈说不，并能知道为什么。

第二阶段，6～12岁，让孩子学会理性消费，并开始接触银行。

这一阶段的孩子对金钱的处理能力有所提高。所以，加强他们理智消费的观念尤为重要。妈妈要让孩子学会挑选一些物美价廉的商品；可以每周或每月给孩子固定的零花钱，但要告诉他们不可预支；如果需要额外的花费，必须讲出合理的理由。在孩子提出非合理需求时，妈妈要帮他们学会区分"需要"和"想要"。让孩子知道，并不是自己的所有需求都应该得到满足，并渐渐学会控制自己盲目消费的欲望。

妈妈每次去银行时，可以把孩子带在身边。久而久之，孩子就会学会如何开户和存取款，并且对储蓄和利率等知识形成更为深刻的认识。

第三阶段，13～16岁，让孩子养成良好消费习惯的同时开始自己赚钱。

这一阶段的孩子独立意识、思维能力都有所增强，在早期理财教育的基础上，妈妈还应该让他们留心家庭的财务开支；养成先比较再消费的习惯；消费上有所计划，做到收支平衡；把打工挣的钱省下一半，用做学业开销及以后上大学的费用。此外，妈妈还应该积极为这个年龄阶段的孩子创造自己赚钱的机会。

让孩子知道家里的钱
是怎么来的

由于缺乏生活经验，很多孩子不知道家里的钱是从哪里来的，而且对家长给的钱有一种无所谓的态度，觉得来得很容易。这会使孩子在无形中养成花钱大手大脚的习惯，不知道节约和珍惜。一项对100名学龄前儿童和小学生进行的调查显示，对于钱是从哪里来的这个问题，大部分孩子认为，钱是从家长的口袋里拿出来的，或者是银行送给他们的，只有20％的孩子回答钱是工作挣回来的。为了不让自己成为孩子的无限提款机，妈妈很有必要让他们知道，钱是怎么来的。

在我小时候，我的父母从未对我进行过理财教育，所以成人后，我在这方面吃过苦头，当过很长时间的"月光族"。后来有了熙熙，我决心不重蹈覆辙，要从小培养熙熙的理财意识。

熙熙第一年上幼儿园，我在交学费的时候带上了她。路上，熙熙问："为什么要把这么多钱交给老师啊？"我顺着熙熙的问题，告诉她上幼儿园交的学费主要用来支付老师工资、买玩具和学习用品、修建小朋友游戏用的操场等。同时，我还告诉熙熙，交学费的钱是我和她爸爸赚来的，这和幼儿园老师的工资一样，都是通过工作得到的。

这是我试图通过交学费路上的简单对话，让熙熙知道为什么要交钱才能上幼儿园，让她意识到钱是需要付出劳动才能得到的东西，不是凭空而来的。只有知道了金钱的获取是需要付出辛劳的，孩子才能会珍惜；只有清楚了父母为家庭承担着多大压力，孩子才会更加体谅父母，进而养成不浪费的好习惯。那么，具体该怎么做呢？

首先，要让孩子知道父母每天都在做什么。

孩子知道父母每天不在家是上班去了，也许还知道每个月末父母会领工资。但对尚显稚嫩的他们来说，只知道父母的工资可以用来给自己买好东西，但对工资到底是个什么概念还不能准确理解。

于是，大多数的孩子都会将注意力放在金钱的用处上，而忽略了父母在工作中的辛劳付出。只有让孩子真切地感受到父母的工作有多么辛苦，他们才会明确知道金钱是怎么来的，才会明白金钱的来之不易。为此，可以带孩子去自己工作的地方看看。

一位妈妈对我讲述了她是如何教育自己的儿子的。一天，儿子对妈妈说："同学都在用平板电脑了，便宜的还不到1000块。妈妈你也给我买一个吧，家里的台式机太落伍了。"听完儿子的话，妈妈很无语。夫妻两个人工资都不高，丈夫的工作劳动强度特别大，每个月的工资也只有不到两千元，怎么在儿子眼里钱像大风刮来似的。于是，她决定带儿子到丈夫打工的工厂看看，让儿子感受一下爸爸挣钱有多辛苦。

从工厂回来，妈妈问儿子："爸爸工作苦不苦？"儿子点点头，没有说话，但看得出来他有所感受。妈妈又对儿子说："爸爸一天才挣几十元钱，你却一张口就要上千元的平板电脑。这需要爸爸辛苦多少天才能赚够啊？"此时，一直没说话的儿子眼眶里含满了泪水。

其次，用暗示的方法让孩子体谅父母的辛苦。

当父母劳累了一天下班回到家，孩子却缠着自己陪他玩时，父母该怎样回答孩子呢？是"妈妈太累了，你自己玩去吧"，还是"为了在儿童节的时候实现你的一个愿望，妈妈一整天都在辛苦工作赚钱，所以很累了。你能给妈妈捶捶背吗"？可以理解，一天没见，孩子很想爸爸妈妈，所以很想在爸妈身边撒撒娇。

但很显然，前一种回答实在不够好，因为忽略了孩子的心情。而后一种回答则一举两得，不仅告诉了孩子自己的劳累和不能陪他玩的理由，还可以让孩子体会到父母赚钱的不容易，又借捶背、揉腰的机会增加了亲子间的互动。

最后，让金钱在孩子头脑中形成明确的概念。

一个男孩看到邻居家的小朋友有钢琴，自己也想要，于是整天缠着妈妈说这件事。但妈妈没有立刻满足他。在确认了他对学习钢琴确实有兴趣后，妈妈认真地告诉他："钢琴很贵，要花很多很多钱。妈妈要努力工作一段时间，攒够了钱才能给你买。在那之前，你得等一等。"

一年过去了，男孩一直记得妈妈的话。当他再次提到买钢琴的事时，妈妈故意面露难色，十分抱歉地对他说："钢琴实在是太贵了，妈妈还没有攒够钱，你能再等一阵子吗？"男孩虽然有点儿失望，但还是答应了。

到了向男孩履行诺言的时候，这位妈妈从银行取出了2万元钱，还特意请银行工作人员将它们都换成面额10元一张的，然后把这一大堆钱带回家摆在男孩面前，告诉他想买一架钢琴要花掉这么多钱。男孩看到了，惊讶得张大了嘴。

妈妈的苦心没有白费，男孩理解了一架钢琴的价值，不仅很自觉地加以爱护，学起琴来也非常认真。因为这是妈妈辛苦工作了很长时间，用"很多很多"的钱买来的。

对于孩子来说，买一件东西究竟要花掉多少钱，他是没有明确意识的。但当一大堆具体的钱摆在眼前时，他会突然醒悟。这位聪明的妈妈用这样的方式让儿子学会了懂得珍惜，更学会了尊重父母的劳动成果。

除了这样做，妈妈还可以给孩子看看家里的账本，让孩子知道家里的日常花销有多少，这也会让孩子对金钱的购买力有个明确的概念，不会动辄提出一些不合理的要求。

让孩子学会理智消费

很多孩子甚至成年人都存在着这样一种不良的消费倾向，对金钱没有概念，身上有了钱就想花出去，看中了什么就一定要买下来，可买了没多久就开始后悔。面对孩子这种"想要就买"的非理性消费，妈妈该怎样应对呢？

超市里，一位妈妈带着5岁的女儿选购笔记本。女孩看中了一个笔记本，想让妈妈买给她。妈妈亲切地对她说："我们先来看看这个笔记本要多少钱。哦，10元，你觉得是不是有些贵呢？它只是稍微精致了一些。它旁边那个也不错啊，页数差不多，却只要6元钱。如果我们买了6元的这个，省下的4元钱就可以买你最喜欢的果冻。你想要哪个呢？"女孩想了想，选择了便宜的那个。东西都选好了，妈妈又拿出一些钱给女孩，请女孩帮自己结账。

就这样，在整个购物的过程中，妈妈在尊重女儿意愿的前提下，既给了女儿充分的选择权利，又教给女儿先比较再购买的理性消费知识，还利用结账的机会锻炼了女儿对金钱的认知能力。事实上，在消费过程中，因为孩子在个性上有所差异，家庭环境也各有不同，所以出现的问题也不尽相同。

首先，面对无限索取的孩子，要对他们说"不"。有些孩子见到什么就想买什么，一出门就向妈妈索要各种东西，不管自己需不需要，一旦遭到拒绝就大哭大闹。这时，妈妈要坚定自己的立场，不能为了平息孩子的哭闹而满足他们的要求。一定要告诉孩子：如果用哭闹或发脾气的方式，要求一定不会被满足。面对一些无理的购物要求，可以用缓兵之计，不马上答应，但也不完全否定，利用这段时间冷却孩子的购物冲动。此外，面对这种类型的孩子，家长的态度一定要保持一致。

其次，面对冲动消费的孩子，要让他们更加理性。有些孩子看到自己想要的东西会立即决定购买，但是买到手不久又觉得买得不值或者是发现自己并没有多喜欢，因此觉得吃亏、后悔。容易冲动是孩子的特征之一，所以冲动消费也往往是他们比较容易犯的消费错误。当孩子为了自己冲动购物后悔时，妈妈要及时加以安慰，避免他们产生自责和怀疑自己选择能力的情绪。对这种类型的孩子，最好的办法就是让他们学会货比三家。

为了帮儿子选一辆物美价廉的自行车，妈妈带着儿子转了5家自行车专卖店。最后，她用买自行车省下来的钱为儿子买了一副他向往已久的羽毛球拍。

这位妈妈就用自己的行为为孩子做出了很好的示范，让孩子对性价比有了更深刻的认识，也学会了精打细算。

最后，面对花钱无度的孩子，要让他们学会做预算。有些家长对孩子的零花钱管理得非常宽松，这让他们养成了花钱无度的习惯。

从上小学起，我就定时定量地给熙熙发零用钱。刚开始，熙熙一拿到钱就立刻用来买自己喜欢的东西，见到什么买什么，别的同学买什么她就跟着买什么。钱花光了，她就会试探着再向我要，但我从没有答应过，不过我也从未在花钱方面干涉过她，我在寻找比较合适的教育时机。

一次，我在打扫熙熙房间的时候，发现了一堆乱七八糟的东西，十几张过时了的贴纸、一袋子掉了亮片和珠子的发卡、几个做工粗糙的塑料娃娃……看着这些东西，熙熙自己都感到奇怪：这些东西是什么时候买的呢？怎么看起来这么像"破烂儿"呢？

我拿出纸笔，拉着熙熙坐下来算账，这么细细一算，我俩发现，还不到一个学期，熙熙花在这些东西上的钱就有好几百元！看到这个数字，熙熙后悔不已。这时，我趁机告诉她，钱不是花不完的，"好钢要用在刀刃上"，想要更好地使用零用钱，就要在前期做预算，并养成记账的习惯。也就是从这一天开始，熙熙不再乱花零用钱，而是努力学习科学而有计划地使用这些钱。

妈妈给孩子零用钱时，一定要定时定量，并且告诉孩子平时不会再随要随给。妈妈还可以帮孩子建立账本，让孩子知道零花钱用在了哪些地方，学会有计划地管理。值得注意的是，不要大量减少甚至是停止给孩子零花钱，或是用粗暴责骂的方式控制孩子的购物欲望。因为零花钱突然减少会让孩子渴望购买的欲望更加强烈，转而力图通过其他途径来满足自己的需求。

孩子要花钱，让他自己赚

妈妈要让孩子明白，钱不是平白无故就可以得到的。对此，美国孩子经常从家长那里听到的就是"要花钱，自己赚"。美国家长不允许孩子在需要用钱的时候只会向父母伸手，而是要求他们通过自己的能力去赚钱。在中国，"自力更生""奋发图强"也一直在被倡导。显然，我们并不缺乏这样的口号，缺乏的是家长们实施这些口号的勇气。对此，妈妈们平时应注意引导孩子从小树立"要花钱，自己赚"的意识。

一位妈妈向我介绍了自己教育女儿学会赚钱的好方法：女儿自从上了幼儿园大班就开始知道向家里要钱了。"我想要8角钱买张喜羊羊的贴画""明天上课要用彩色铅笔，给我5元钱"……这样的要求几乎每天都有。一天，妈妈不耐烦了，一本正经地对她说："想要钱，自己去赚。"

"可是，我不会呀。"听声音，女儿还挺委屈。

"你可以帮家里做些力所能及的活，刷碗、扫地、擦桌子、倒垃圾，都可以挣到钱。"

"这样也可以呀？太好了！"这种新鲜的提法让女儿很感兴趣。

可没过两天，女儿又对妈妈说："妈妈，我干了小半天，累得腰酸背痛才赚到2元钱，有没有少出力又能多赚钱的办法呢？"

妈妈想了想，告诉女儿："你可以用脑力赚钱，如果你能给家里提一个好的建议并且被采用的话，就给你体力劳动3倍的工资。"

结果女儿的建议非常多，而且其中一些确实不错。现在女儿上小学二年级了，妈妈还一直沿用按劳取酬的政策，女儿的零花钱几乎都是自己赚的。现在她不仅爱劳动，还很爱动脑筋。

钱如果来得比较容易就不太会去珍惜，但如果是自己辛苦赚到的钱用起来就大不一样。从小对孩子灌输"要花钱，自己赚"的思想，不仅能够促使孩子经济独立，还会让孩子的心理更早地成熟起来。

美国十大财团之一的摩根财团的创始人当年是靠开杂货店起家的。发家之后，他对子女的教育极其严格，其中一条规定就是孩子们每个月的零花钱必须通过做家务来获得。他最小的儿子托马斯因为不干活，所以经常得不到零花钱，生活非常节省。他了解之后就对儿子提出了尽量省钱不如尽量赚钱的建议。后来托马斯变得非常勤奋，想出了很多新的家务劳动项目，零花钱也渐渐多了起来。

其实生活中并不缺少让孩子自己赚取零花钱的机会，而他们也并不缺少勇气和力气，妈妈要做的，就是及时给予孩子正确的引导和帮助。

Part 5

学会放手，
让孩子自主学习

孩子不是实现自己理想的工具

"我年轻的时候没机会上大学，所以现在一定要让我儿子上。"

"我一直特别羡慕那些体育好的人，以后一定要让儿子替我实现心愿。"

"我小时候家里穷，没钱让我学钢琴。现在我有钱了，一定要让女儿去学。"

……

还有很多妈妈存在着这样的想法，在孩子身上寄予了自己太多的期盼，想把最好的一切都给他们，包括自己的愿望，无形中让孩子成为了实现自己理想的工具。有些妈妈甚至在孩子出生前，就为他们规划好了一生。这样对孩子的成长是不利的，孩子会缺乏主动性，也容易产生逆反心理。事实上，每个人都有各自的兴趣和偏好，如果妈妈硬要孩子做自己不喜欢的事，结果往往是"强扭的瓜不甜"，适得其反。

小野的妈妈是我的朋友，聚会的时候，她对我讲起了她最近遇到的烦心事。

中考过后，在选择高中的问题上，小野和父母产生了分歧。小野的父母都是知识分子，希望小野将来也能像他们一样做教授或是医生，所以他们坚持让小野上普通高中。但小野热爱音乐，一心想考音乐学校。最后父母占了上风，私自替他在一所普通高中报了名。他们以为这样做就能让小野死心，乖乖地在学校念书。但事情并没有像他们想的那样发展。

小野上了高中经常逃课，夜里还和其他同学一起翻出学校围墙到网吧上网，最后被学校开除了。与父母的忧虑心情不同，小野反而显得很高兴。有人问他为什么被开除了还这么高兴，小野说："我根本不喜欢这所学校。我想上的是音乐学校，但父母坚决反对。没办法，我只好逃课，用上网来消磨时光。现在我被开除了，他们就得把我送到音乐学校了。"他的父母听说了，又气愤又伤心。

孩子在小的时候没能力反抗，家长还能维护住自己的"权威"，但孩子长大后，有了自己的思想和主张，家长曾经自以为强大的"权威"就会受到来自孩子的强烈挑战。有些妈妈像小野的家长一样，不尊重孩子的独立人格，不顾孩子的意愿自作主张，把自己的喜好强加在孩子的身上，强迫孩子做不愿做或者根本做不了的事，结果往往事与愿违。这不仅妨碍孩子取得成功，而且大大地剥夺了孩子的快乐。也许在妈妈眼里孩子还小，但其实他们已经有了自己的明确想法。对孩子的爱有很多种，但首要的一条就是尊重他们，尊重他们的选择，这才是他们最想要的爱。

每个孩子身上都有巨大的潜能，只有当他们按照自己的意愿去做一件事时，才会全力以赴。妈妈不该让孩子背负着家长的期望压抑、辛苦地活着，让他们承受他们那个年龄不该承受的东西。当孩子美好的想法被抹杀，当他们的努力得不到认可和鼓励时，留给他们的只能是越来越多的憎恨。这样的孩子怎么可能成长得健康快乐，又如何能获得持久的成功？妈妈对孩子有所期望，当然可以给孩子提建议，让孩子作参考，但要注意不能把自己的想法强加给孩子。即使孩子没有实现妈妈的理想，也比他们心理压抑和痛苦要好。

有位妈妈年轻时候曾梦想当一名舞蹈家，不过最后这个愿望没有实现。后来她将希望寄托在自己女儿身上，积极地引导女儿学习舞蹈。可是有一次，女儿对她说："妈妈，我长大了想当一名蛋糕师傅。"

妈妈以为女儿是说着玩的，因为女儿最近一直在看一档美食节目。可是三年以后，妈妈看到已经读小学的女儿的英语测验试卷，发现里面有一个关于"你将来想做什么"的问题，女儿的回答是西点师。妈妈这才意识到，原来女儿是真的喜欢上这个职业了。

开始时妈妈心里挺不是滋味的，觉得围着烤箱转的蛋糕师傅没有舞台上的舞者那么优雅。可是后来妈妈想通了：无论这个世界再怎么发展，进步到何种程度，都是离不开各个行业的人才的。既然孩子的兴趣不在跳舞上，何必强求她一辈子做她不喜欢的事情呢，学一门她喜欢的手艺又何尝不是谋生之道？于是，妈妈对女儿说："如果要做西点师，就要做有知识的，比别人都优秀的！"

这个女孩年纪还小，决定将来走什么路还为时过早，以后也许她还会改变想法。但无论如何，她的妈妈都没有简单粗暴地打击她的理想。孩子有了理想，哪怕听起来有些幼稚甚至不可思议，妈妈都应为他感到欣慰和自豪，并给予肯定。有了妈妈的支持，孩子就会从妈妈那里获得力量和勇气，树立信心。当然，在孩子成长的过程中，妈妈还应给予多方面的关注，为孩子提供建议和支持，帮助孩子使他们的理想成为现实，或者更上一个台阶。

妈妈不是监工，
孩子学习不能靠"管"

自从孩子进入了校园，甚至从更早开始，很多妈妈就开始了"监工"生活，彻底放弃了自己晚上的闲暇时间，天天都要陪着孩子做功课，也因此而发出这样的感慨："现在的孩子读书，大人比孩子还要累。"而实际上，妈妈做"监工"不仅是一件吃力不讨好的事情，对孩子来讲也是有百害而无一利的。

我的中学同学姜晓琳毕业于一所名牌大学，她是个完美主义者，人长得漂亮，工作也很出色。她的完美主义还体现在她对儿子的教育上，在儿子还没出生时，她就研究了大量家教方面的书；儿子还在襁褓中，她就每天读唐诗宋词给孩子听；儿子刚学说话，她就每天用英汉两种语言和儿子说话。儿子聪明伶俐，这让她很欣慰。

一家心理研究所去儿子的幼儿园采集数据，对孩子们进行了智商测试。后来，园长偷偷把本该保密的结果告诉了她，说她的儿子是全园第一名。这让她觉得自己是个成功的家长，更加坚信了她想要倾尽全力培养出一个出色的孩子，甚至是神童的信念。除了工作，她几乎将全部的时间和精力都投入到孩子的教育上，大到孩子的吐字发音，小到孩子的握笔姿势，她都要认真指导。发现孩子哪里做得不到位，她就马上指出来，监督孩子立刻改正。如果孩子重复犯同一个错误，她就要批评孩子，如果再犯，她就会用打孩子手背的方式让孩子加深印象。她自信在这样严格的要求下培养出的孩子一定会越来越完美。

平时，哪怕是在家里招待朋友，她的心也要大部分放在孩子身上，和朋友交谈中，她会不时地告诉孩子"你的手没擦干，再去擦一下""别戴那顶帽子，和你的衣服搭配起来不好看""写作业的时间到了，认真做，做完我要检查"……她几乎将教育孩子做到了事无巨细的地步，可孩子的表现却越来越差。

孩子刚上小学时，是班里的前三名；孩子小学毕业时，是班里倒数十名之一；孩子上了初中，各方面仍毫无起色，即使是从小就开始学的英语，成绩也很不理想。现在，不但从孩子身上看不到一点儿高智商的痕迹，反而能明显感觉到孩子性格上存在很多缺陷——内向、不听话、胆小懦弱等。姜晓琳实在想不通，怎么自己呕心沥血教育出的儿子成了现在这副模样。

这个孩子到底怎么了，问题出在哪里？事实上，问题正是出在姜晓琳自己身上。她在孩子面前一直扮演着一个权威的管制者角色，对孩子干涉太多、管得太严太细，用"监视"和"指令"代替了与孩子的正常交流和互动教育。种种做法让孩子感到做什么事都不自由，做什么都不能让妈妈满意，于是烦躁、不知所措的他慢慢变得不听话、不自信、缺乏自控力。

妈妈做"监工"极容易使孩子产生依赖情绪，懒得动脑筋。时间久了，还容易让孩子产生一种无力感，对自我管理极为不自信，只好求助于外部力量来约束自己。一旦妈妈因为某种原因不得不从"监工"角色中抽身，已经养成依赖心理的孩子就会感到茫然不知所措。

另一方面，那些不断来自妈妈的"认真点儿""头抬起来""抓紧时间"之类的提醒对一些孩子来说，所能发挥的效力随着时间的推移在逐渐降低，孩子和妈妈都变得越来越不耐烦，导致孩子开始在情绪上和妈妈对立，甚至让情况陷入恶性循环。

我和熙熙的爸爸从来不看着熙熙学习，也从不检查熙熙的作业本。我们将责任和自由都还给熙熙自己。在熙熙还没上小学的时候，我们就向她传递了这样一种思想——学习是自己的事，将来有没有出息也是自己的事。有一次，熙熙因为贪玩忘了写作业，直到睡觉前才想起来。她哭着向我和她爸爸寻求帮助，我们告诉她："作业没完成是你自己的事，等着明天被老师批评吧。现在是睡觉时间，你必须上床睡觉。"从那以后，熙熙再没有耽误过写作业。

人的天性都是追求自由的，讨厌并抗拒别人强迫自己，孩子也是这样。即使是自己再喜爱的事情，一旦它变成一项被监督完成的任务，让自己感到不自由，那么对它的兴趣也会荡然无存。特别是"学习"这种需要调动自己主观努力去完成的工作，别人只能影响和引导，难以强制和越俎代庖。只要孩子能主动自觉地学习，任何难题都容易解决；如果孩子不能主动去学，那么再好的方法对他来说也不是方法，再轻松的任务也会让他感到有负担。

所以，妈妈必须摆脱"监工"的角色，不要总是对孩子的事情指手画脚。当妈妈不再像监工一样监督孩子，孩子成为自己生活和学习的主人，他们才能更加健康地成长，收获更大的进步和成功。

孩子学习不能急于求成

很多妈妈在教育孩子学习时缺乏足够的耐心：看到孩子3岁了还不会说完整的话，就怀疑孩子的智力有问题；看到邻居家孩子会背唐诗，就买来一大堆关于儿童智力开发的书迫不及待地在孩子身上试验；看到上小学的孩子上课注意力不集中，就怀疑孩子可能是得了多动症；看到孩子考试得了80多分，就马上绷紧了神经，急着上网求助专家……这些都是妈妈急于求成的表现，很可能会造成孩子的心理负担，导致孩子不自信，对学习失去兴趣。

熙熙回到家里，告诉我说她的同学小蕾因为拉小提琴的事和妈妈吵架，昨天离家出走了。以前给熙熙开家长会的时候，我曾和小蕾的妈妈有过交流，对小蕾学小提琴的事情也略有耳闻。

小蕾妈妈是看到同事家孩子学弹钢琴很成功后，下定决心要让小蕾学会一门拿手的乐器。小蕾妈妈为小蕾请了小提琴老师来家里上课，还帮小蕾制订了详细的学习计划。她以为有了这么周密的准备，小蕾很快就能学有所成。可事情的发展远远超乎她的预料。

小蕾本来是对小提琴感兴趣的，所以也同意学习，最初的时候也能认真地跟着老师学习，但是她的妈妈实在太心急了，不断让老师加大教学难度和强度，并且逼着小蕾不断增加练习时间。过大的压力让小蕾喘不过气来，她开始越来越排斥学琴。老师教她的时候她总是一副心不在焉的样子，无论老师怎么用心，她都似懂非懂，即使偶尔学会了，可第二天就忘得精光。有时候她还故意和妈妈作对，赌气胡乱拉琴，为此还挨过妈妈几巴掌。

就这样，过了半年，小蕾拉小提琴的水平不见长，叛逆心却大大加重了，与妈妈之间的矛盾也积得很深。最终，小蕾竟为此而离家出走。

小蕾之所以学琴失败，就是因为妈妈太急于求成，这种心态在不少家庭中都或多或少地存在着。当今社会竞争日益加剧，很多家庭又只有一个孩子，所以妈妈几乎把所有希望都寄托在孩子身上。特长生潮流、高分名校情结、就业竞争激烈等现实面前，妈妈难免会因为期望值过高而出现教育孩子时急于见成效的心态。

孩子是千差万别的，个性气质、智力结构、心理特点等方面的不同决定了孩子的发展存在差异性。有的孩子在某些方面可能发展得快一些，而有的孩子则可能属于大器晚成型。运动员长跑起跑慢的不一定最后一个到达终点，同样的，孩子的成长也是一个漫长的过程，不能仅看起跑阶段。而且给孩子的学习安排要符合孩子的身心发展规律，否则，一味地拔苗助长，很可能导致孩子过早地凋零。"心急吃不了热豆腐"，妈妈在教育孩子时干着急是没有任何好处的，需要平复急躁的心态，循序渐进，采取适宜的教育方法。像小蕾妈妈那样急于求成，给孩子如此大的压力，再聪明的孩子也很难有所成就。妈妈们该如何做呢？

首先，妈妈应该关注的是孩子的学习能力，而不是学习成绩。没有妈妈不关注孩子的学习成绩，但有些妈妈将学习成绩的好坏与成功与否画上了等号，认为只有孩子取得了好的学习成绩才是教育上的成功，这是错误的。妈妈应该把眼光放得更长远一些，重视培养孩子的学习能力，而不是老盯着眼下的考试成绩。一两次的学习成绩好不代表学习能力强，但学习能力强则意味着为长期发展奠定了良好的基础。教育的成果不是一朝一夕能够显现出来的。教育孩子好好学习，妈妈不要急于求成，不要太看重孩子学得快一点或是慢一点，考试取得的成绩是高是低，要学会"放长线，钓大鱼"，重视孩子学习能力的培养，这样最终会取得更巨大的教育成果。

其次，不要半途而废，要将适合孩子的教育方法持之以恒地坚持下去。孩子心性不定，兴趣爱好很多，特长天赋也处于待开发阶段，所以，需要妈妈下一番苦功对孩子进行透彻的观察和研究，摸索出适合孩子特点的教育方法。一旦发现了，就应当持之以恒地坚持下去，不能因为孩子进步太慢或教育效果不显著，就轻易放弃。不要像小蕾妈妈一样盲目开始又过早放弃，这是没有办法取得成效的，而且会打击孩子的自信，对孩子产生严重的不良影响。多一些耐心，多花一些时间去了解孩子，根据孩子的实际情况因材施教，即使那些天赋并不显著的孩子也能成为杰出人才。

俗话说："欲速则不达。"学习不是一蹴而就就能成功的，需要一步一步奠定扎实的基础才能成功。妈妈将孩子逼得太紧的话，孩子会变得焦虑、不耐烦，潜意识中对学习产生反抗的情绪，不但难以得到提高，还容易变得善忘，一下子就会把刚学过的全部遗忘。教育家叶圣陶先生说过："教育是农业而不是工业。"农民不能指望农作物一夜丰收，妈妈也不能指望孩子一时就成大器，必须要有等待孩子进步的耐心，不要期待孩子一口吃个胖子，只有对孩子进行孜孜不倦的长期教育，孩子最终才能学到东西。

别让孩子觉得学习是件苦差事

我认识一位妈妈,她在儿子3岁的时候就给儿子列出了每天的学习清单:读完一本故事书,画3幅画,记5个英语单词,学会10个数字。为了完成妈妈交给的任务,儿子只能每天趴在窗台上眼巴巴地看别的小朋友在外面玩。面对着一大堆还没有完成的学习任务,儿子的心情糟透了,但妈妈的指示他又不敢不照做。这位妈妈发现虽然儿子基本上能按时完成任务,但他总是记过了很快就忘掉,而他原本很喜欢画的画,也没进步多少。

很多学龄前的孩子对背着书包上学有过无限的憧憬和向往,他们觉得上学真是件快乐无比的事啊。但是当他们和那些大哥哥、大姐姐一样背上了沉重的书包,被学习和考试的辛苦压得喘不上来气的时候,他们才知道自己当初的想法实在是大错特错了。

学习应该是快乐的，它不仅指学会某种知识带来的成就感，还指学习过程本身是令人感到快乐的。好奇心得到满足使人感到快乐，深入理解和掌握知识使人感到快乐，掌握了某些技能使人感到快乐，使零散的知识系统化同样让人感到快乐。

孩子带着这种快乐的心情学习，才会在学习结束时感到意犹未尽、恋恋不舍。这种快乐是推动孩子学习的动力，一旦有了它，不用催促，孩子也会全力以赴地学习。但与之相悖的是，大多数妈妈从小教育孩子要好好学习时，向孩子灌输的观念都是学习要"刻苦"。

在孩子上学前，妈妈就开始唠叨，"成了小学生就不能像现在这样尽情玩了，要用功学习""只有刻苦努力，学习才有收获"。这些妈妈都期待用这样的要求培养出孩子良好的学习态度。

学习需要勤奋是毋庸置疑的，但要求孩子"刻苦"，很容易对孩子造成一种不良暗示。谁会喜欢苦呢？将"学习"与容易让人觉得不舒服的"苦"联系在一起，会让孩子在想到学习时，就产生些许的不快。成人如果缺乏毅力，尚且不能做到为了某个目标而吃苦，何况孩子呢？妈妈总是要求孩子吃苦用功，结果导致孩子学习中的快乐越来越多地被吃苦侵占，孩子对学习提不起兴趣。

事实上，孩子并不是不知道刻苦学习能够换来好成绩，只是他做不到。如果学习不能让孩子感觉到快乐，他又怎么能调动起自己的主动性，表现出认真刻苦等让妈妈满意的状态来呢？

为什么一个痴迷于网络游戏的孩子能够为了通关，做到不吃饭、不睡觉，而为了学习就做不到呢？想让孩子做好一件事，首先需要让他喜欢这件事，至少不能反感，避免将能够让他感到不快的因素掺杂其中，别让孩子觉得学习是个苦差事。

可能很多妈妈会感到疑惑，为什么那些古今中外伟大的文学家、艺术家、科学家能够废寝忘食地刻苦努力学习和工作？他们之所以能够沉醉其中，一定是因为他们对所从事的任务有着强大的兴趣或责任感，这使他们能够乐在其中，超越了对辛苦的排斥。

熙熙刚上初中时，因为没有找对学习的方法，物理成绩总是不理想，这让她十分苦恼，甚至表现出想要放弃的苗头来。我知道这个时候不能再用一些正面的说教让孩子觉得苦上加苦了，于是便想找些其他方法来鼓励她。

一天，我从省图书馆借来《居里夫人传》给熙熙阅读。这本书讲述了居里夫人的人生经历。熙熙看到居里夫人求学时的艰难、做研究时的艰辛，想到人类积淀各种科学文化知识遭遇的种种磨难，想到自己拿着薄薄的教科书就可以轻松地纵览前人的伟大成就，她觉得自己实在是很幸运。一想到自己不过是这些伟大成果的享用者，她就再也不觉得有什么苦的了。

看到熙熙重燃学习的激情，我问她有没有感觉这样每天学习太辛苦，熙熙回答说，有这样一个机会全力以赴地做一件事，能够系统、透彻地了解那么多知识，很有意义，也很有意思："用功学习这些知识，并且深入钻研，我觉得一点儿也不辛苦，反而有种幸福的感觉。"

当妈妈把学习暗示成了一件苦差事，用种种不正确的方式破坏了孩子的学习兴趣，孩子才会想要逃避。妈妈应该体恤孩子的这种心理，从培养孩子的学习兴趣入手，让孩子自发地产生学习动力。

越渴望孩子取得好成绩，
越不向他要分数

　　我们常能听到一些妈妈说这样的话："人家能考100分，你怎么就只能考98？""看你考了两个99就臭显摆，班里有好几个孩子考双百呢，你考个双百再来吹牛！""你能考到90分妈妈真高兴，但你要能考到100分我更高兴。"听到妈妈的这些话，孩子会有什么反应呢？第一个孩子会是一脸委屈与沮丧；第二个孩子不但对学习产生了虚荣心，还学会了嫉妒；第三个孩子刚刚建立起来的那点儿自信就被妈妈无情地击碎了。也许这些妈妈没有意识到，自己本意是激励孩子进步的话会对孩子产生这么严重的坏影响。

　　如今，在学校里，老师看重孩子的分数；回到家里，妈妈问孩子最多的也是分数；亲戚朋友见了面，问的还是离不开分数。"考试得了多少分？""在班级排第几名啊？"这样的问题面前，成绩差些的孩子简直无处藏身。这些行为都传递给孩子这样一个价值观——只有100分满分才是好样的，才是让家长满意的。殊不知，这种单纯地向孩子要成绩的行为实在不是教育孩子的好方式。

从孩子开始学习的那天，妈妈就开始要求孩子好好学习，考个好成绩，于是，满分成了孩子学习的终极目标。但是，这种功利性的目标只能带给孩子庸俗的刺激，并不能让孩子产生良好的内在动力。对分数的过度追求会导致孩子产生畸形的学习动机，变得目光短浅，急功近利，既降低了孩子的学习兴趣，也影响到他们的考试成绩。

小诗的妈妈是熙熙爸爸上大学时的师姐，据熙熙爸爸说，这位师姐"非常要强"。

小诗妈妈不只自己要强，她还要求小诗成为最棒的孩子，为了小诗接受更好的教育，小诗妈妈花高价将小诗送进离家很远的一所全市最好的小学就读，即使每天接送小诗就要多花两三个小时也在所不惜。每次考完试拿到成绩，妈妈总会问相同的问题，考得怎么样，各科多少分，班里有多少同学得了100分。虽然小诗很聪明也很努力，但她总是会或多或少地做错一些题目，没有一次能拿到满分。妈妈知道孩子是需要鼓励的，所以也总是安慰小诗："没关系的，九十多分也很好了，争取下次考100分。"

一次期中考试，小诗终于让妈妈如愿以偿，语文考了100分。妈妈高兴极了，在接小诗放学的路上听到这个消息就迫不及待地开始打电话，告诉小诗的爸爸、爷爷奶奶、外公外婆、叔叔阿姨……恨不得所有人都知道。这个成绩好像给所有人都带来了欢愉，大家纷纷称赞小诗考得好，还给她买礼物庆祝，并许诺期末考试得满分有更大的奖励。

期末考试到了，妈妈一再叮嘱小诗考试要认真，做完题要仔细检查试卷，不要出错，争取再得个100分。结果考完试妈妈去接小诗，小诗一见妈妈就哭了，说好多题明明做过也不会了，没能考出个100分。虽然妈妈很失望，却没有批评她，只是鼓励她下次争取考100分。

奇怪的是，从那以后，小诗再也没得过100分。妈妈每次高高兴兴地去学校接小诗，但总是失望而归。尽管她总是鼓励小诗下次努力就好，但小诗心里害怕极了，怕考不到100分，怕看到妈妈脸上那失望的表情。

小诗妈妈的做法看似在鼓励小诗好好学习，实际上是在追求作为家长的自己的满足感，并不能起到激励作用，反而会大大地伤害孩子。她的错误就在于她将小诗的学习目标定位在得满分上，无形中给小诗增加了巨大的心理压力。

妈妈的"满分嗜好"只能不断制造孩子的失落与内疚感，因为对于满分这个成绩极限，大多数孩子都达不到。虽然孩子能从偶尔的好成绩中得到暂时的愉快，但大多数时间里，他们内心是惶恐不安的，怕下次考试考不好，怕妈妈不满意。就这样，孩子一心惦记着分数，却忘记了真正的学习目标。只有妈妈引导孩子关注获取知识本身，而不是追求完美的考试分数，孩子的学习潜力才会慢慢显现出来。这种成功体验不是来自于偶尔得到的高分，而是通过自己的努力，解决问题后的喜悦。也许有些妈妈担心不在成绩方面提醒孩子，孩子就不能好好学习。这种担心是多余的。从上学开始，孩子就天然地知道好成绩非常重要，社会也已经将考试的重要性渲染到无以复加的地步。妈妈什么也不说，孩子也会尽力取得好成绩。

分数只是一种手段，而不是目的。偶尔一次考试失利，或许孩子不会放在心上，但如果别人总是用成绩来判定他的能力，就会让孩子觉得很郁闷。妈妈不提分数和名次的要求，孩子就能从妈妈的态度中知道，学习不是为了分数，不是为了和别人比，掌握知识才是根本目的，不要过分看重考试上分数的多少、名次的升降。当孩子把注意力从个别的得失转移到对知识的掌握和能力的增长上，成绩也会自然而然地得到提高。

"生活即教育"，
让孩子轻轻松松获取知识

"生活即教育"是陶行知先生生活教育理论的核心。他认为生活与教育是同一过程，教育不能脱离生活，生活也不能脱离教育。

一个2岁的孩子问妈妈吃的米是从哪里来的，妈妈从网上下载了水稻和农民插秧的图片给他看，还费了很多口舌解释水稻从播种到收割的过程，告诉孩子收割后的谷子去壳后就成了米。可孩子听完后似懂非懂，没过两天又问妈妈米是从哪里来的。妈妈不厌其烦地又解释了一遍，但孩子依旧不明所以。

后来，妈妈找机会带孩子回乡下老家转了转。在那里，孩子看到了金灿灿的稻田，摸到了沉甸甸的稻穗，见到了收获稻谷的过程。妈妈趁机再对他说米的来历，孩子恍然大悟，以后再也没问过米是从哪里来的。对此，妈妈不由得感叹："真是见一百次图片也没有看一次实物有效啊！"

人们也许可以通过死记硬背掌握知识，但无数研究表明，当知识与自己有切身关系时，能够更多地引起人们的兴趣和重视，记得也更扎实。所以妈妈在教育孩子，尤其是年幼的孩子时，要充分发挥"生活即教育"的理念，而不是让孩子的教育仅仅局限在校园里、课堂中。妈妈帮助孩子把所学知识与现实生活、实际需要联系起来，能够让孩子对知识产生浓厚的兴趣，从而取得更好的学习效果。

在日常生活中处处都有学习的机会，生活中随处都有最好的教具。妈妈在日常生活中可以挖掘到的教学内容，往往比课本上生硬的内容更深入孩子的内心，能够使孩子更愉快地接受。通过妈妈潜移默化中提供的学习机会，即便是再讨厌学习的孩子也一定会逐渐对学习产生兴趣的。

为了让熙熙养成有条理做事的习惯，我想过很多办法，比如有意识地引导她建立起对收藏的兴趣，鼓励她收藏她喜欢的书签和贺卡，并教给熙熙一些有关分类收藏的方法。后来，熙熙告诉我，她不但从中得到了很多乐趣，还学会了将自己的事情安排得井井有条。

在帮助熙熙学好语文上，我也曾想过很多办法。为了让熙熙对课文《风筝》有更深刻的感受，周末，我和她爸爸带她去商场选购了一款漂亮的蝴蝶风筝，然后一起去郊外放飞。回到家，熙熙还在爸爸的指导下亲手做了一个小型的简易风筝。这样，熙熙对课文的理解就不再是仅仅停留在抽象的文字和理论上了。重阳节的时候，我们一起去自然公园登山。登上山顶后，我问熙熙哪里的风景最好，她指了指远处重重叠叠的山影，我说："既然那么喜欢，不妨把它写进日记里吧！"后来，熙熙写的那篇有着真情实感的日记精彩极了。

数学是比较抽象的科目，对很多孩子来说比较枯燥。为了改变熙熙不喜欢学数学的态度，我带熙熙去超市的时候，就让熙熙来比较哪种商品更划算，一共需要花多少钱。晚上，一家人在小区里散步，我也会问熙熙："咱们每分钟走80步，爸爸每分钟跑100步，但是他的步子是咱们的两倍大，这样几圈过后，咱们才能再次和爸爸汇合呢？"在购买家具和安装的时候，我也让熙熙拿着尺子丈量尺寸，让她有更多的空间概念。久而久之，熙熙发现数学真是又实用又有趣的科目，学习起来也不再愁容满面了。

用启迪的方式来激发孩子的学习兴趣，既简单又有效，遗憾的是，很多妈妈对这样的机会往往视而不见，让它们从自己的身边溜走了。"试"到临头的时候妈妈才捧出一大堆参考书、练习册要求孩子去背、去做，还自以为教育方法得当，殊不知只是加重了孩子学业负担，并不能得到理想的效果。

总之，对孩子来说，生活是他们吸收知识的天然大课堂，如果妈妈能够利用好这些机会教育孩子，让孩子每天都能随处吸收到很好的知识，久而久之，孩子就能受到更多的教育。这样，无论对大人还是对孩子来说，教育都成了轻松的事情。

帮助孩子向着既定目标前进

20世纪60年代，哈佛大学曾经对10000名大学毕业生做了一次调查。调查结果显示，在这些毕业生中，没有目标的占27％，有模糊目标的占60％，有明确目标的占10％，而有非常明确目标的仅占3％。25年后，对这些学生进行跟踪调查的结果显示，当初那27％的没有目标的学生日子过得穷困潦倒，甚至要靠社会救济勉强度日；那60％有模糊目标的学生处于社会蓝领阶层，依靠自身的技术和简单的重复劳动养家糊口；那10％有明确目标的学生多为白领和专业人士，经济宽裕而且在不断进步；而那3％有非常明确目标的学生已经成为业内顶尖人物或是成功的创业者。

由此可见，个人的成功与目标息息相关，甚至可以说，在目标的巨大导向作用下，有什么样的目标就会成就什么样的人生。对孩子来说，无论在学习方面，还是在挖掘潜力、拓展兴趣等方面，拥有一个切实可行的明确目标都是非常重要的。它可以激发孩子的潜能，促进孩子积极地行动，会为孩子学习带来积极有益的影响。所以，妈妈需要帮助孩子设定一个明确而又恰当的目标，并鼓励孩子早日实现它。那么，具体来说，有以下几点，妈妈们需要特别注意。

第一，设定目标前要问问孩子的意见。

帮助孩子制定学习目标的前提是妈妈充分了解孩子的现状，了解孩子的学习特点、强项弱项，然后再和孩子分析目前他所处的水平，在哪些科目有较大的发展潜力，需要在哪些方面做进一步的改善，是增强记忆力还是改掉粗心大意的毛病，是学会高效利用时间还是改变题海战术等。在为孩子具体定目标前，妈妈先要耐心倾听孩子自己的想法，了解孩子心目中他想努力的方向是什么。毕竟学习目标是为孩子定的，需要由孩子来具体实施，所以要充分尊重孩子的意愿。只有让孩子充分意识到目标的意义，有对实现目标的向往，才能激发孩子学习的自觉性和主动性。

第二，制定的目标要切实可行。

熙熙很喜欢的邻家姐姐刘梦珂这几天有些郁闷，她来到我家，向我述说了她的烦恼。原来，梦珂升初三了，为了能考上重点高中，梦珂妈妈又为她的学习"加码"了。原本梦珂在班里的成绩还不错，一般保持在第八名至第十名，偶尔考得好，还能排到第五。但是到初三以后，妈妈觉得这个成绩还不行，所以为她制订了一个奋斗目标，要求她在期中考试冲入班级前三名。可是梦珂上次月考只考了第九名，离实现目标还有很大距离。眼看月考又要到了，梦珂觉得自己已经在拼命努力了，但是想要达到妈妈给自己定下的目标，可能性还是很小。想到这个，郁闷的梦珂觉得自己连书都看不下去了。

梦珂的妈妈犯了这样一个错误：为孩子制定了不符合孩子实际情况的过高的目标。没有目标，很难让孩子产生动力，但目标过高，会让孩子产生畏难心理，反而增加孩子的心理负担。具体制定目标时要遵循两个原则：一是制定的目标要切实可行，要充分考虑孩子的基础和能力，既是孩子力所能及，不会超出孩子的承受能力的，又有一定难度，不会让孩子在完成的过程中失去追求的兴趣；二是目标要明确具体，比如让孩子每天记多少个单词，作业和测验出错率控制在什么范围，考试单科成绩达到多少、总成绩排名进步几名，等等，这有助于妈妈和孩子检查目标的落实情况。

第三，帮助孩子细分目标。

目标越小、越集中，就越容易接近；目标越大、越宽泛，就越容易偏离。学习目标如果过于遥远和庞大，往往会让孩子觉得不知道该从何入手，难以激励孩子立刻采取行动。所以，妈妈要帮助孩子学会将远大目标进行细分，分解成每个阶段的近期目标，最好具体到每一天需要完成的目标。细分后的目标比较容易实现，孩子每前进一小步，达到一个小目标，就会体验到成就感，这种成就感会强化他的信心，推动他稳步前进去实现下一个目标。在实现一个个小目标的过程中，孩子始终感到成功离自己并不遥远，学习起来也不会半途而废，就更容易实现最终目标了。

比如让孩子学钢琴，妈妈不要只反复说"好好弹，早点通过十级"，而应该说"再弹20分钟"，这样就给孩子指出了短期目标，孩子看到通过努力就能达到目标，做起来也更有劲头。又如，一个刚上初三的孩子每天早上六点半起床，但爸爸强迫他必须提前到五点半起床，读半个小时英语，一下子少睡一个小时，孩子感到很为难，妈妈出面调停，允许孩子六点一刻起床，这样孩子很轻松地答应了，半个月后，妈妈又提出让孩子再提前一刻钟起床，孩子又做到了。这样一步步提高要求，孩子在两个月后就能做到五点半起床了。

第四，鼓励孩子把目标坚持到底。

如果孩子缺乏意志力，那么再好的目标到最后也还是竹篮打水。当孩子通过自己的努力实现了一个小目标时，妈妈要及时给予鼓励和称赞，让孩子感受到自己的一点小进步、一个小成功妈妈都是看在眼里、感到欣慰的。妈妈的支持会给孩子增加继续前进的勇气，让孩子感受到学习带来的快乐，并将它坚持下去。

对于自控能力比较差的孩子，妈妈还可以采取其他一些办法。

刘老师的学生晓航的学习成绩很差，刘老师帮他制定了学习目标和学习计划，可他总是"三天打鱼，两天晒网"，定好的目标和计划也形同废纸。但是，晓航的妈妈想了一个办法敦促他，竟然使他很轻易地就把老师指定的学习计划坚持了下来。刘老师向晓航的妈妈询问此事。晓航的妈妈笑着说："我只是借鉴晓航爸爸戒烟时用的方法帮助晓航罢了。"

原来，心理学上常用的一个戒烟方法就是，向家人或朋友公开宣布自己要戒烟的决定。这样做会起到一种强迫约束的效果。当戒烟人控制不住又想吸烟时，就会想到：所有人都知道我戒烟了，要是我再吸烟，他们一定会笑话我。就这样，他们往往会坚持一天，再坚持一天，直到烟瘾彻底消失。晓航的妈妈正是这样对待晓航的学习目标的。她先把晓航的学习目标在家庭会议上公布出来，然后又把这个目标告诉给晓航的所有老师和一些他比较亲近的同学。不出所料，晓航在"面子"和"舆论"的压力下，果然将学习计划坚持了下来。

孩子虽小，也很爱面子，在众人的关注下，他们的进取心、表现欲等都会很大程度地被激发出来。所以，在征得孩子同意的前提下，妈妈可以把孩子的学习目标公布出来，让大家监督孩子完成。这种方法对孩子的其他目标和计划同样有效，比如健身目标、读书计划、零花钱使用计划等。

此外，妈妈要帮助孩子学会适时调整自己的学习目标，让它更加完善，更符合孩子学习的最新进展。

不"磨"时间，只"抢"效率

一些妈妈存在这样的认识误区，认为孩子熬夜熬得越晚说明越勤奋，认为孩子学习时间越长说明学得知识越多。事实上，勤奋的人未必成功，在学习上尤其如此。学习成绩的好坏与学习时间有一定的关系，但是这种关系不是绝对的，效率因素在其中起到了不容忽视的作用。

有些孩子学习方法不当，找不到知识之间的内在联系，只是机械、重复地学习，"温故"却不"知新"，导致年级越高、知识越深，就越跟不上；有些孩子性格内向，也比较懂事，不愿意惹家长生气，所以即使明明学不下去还是坐在书桌前打发时间，也好给自己一个心理安慰。

对此，个别家长并不完全了解孩子的实际情况，不知道采取科学的方法帮助孩子排除这些障碍，反而指责孩子头脑笨、不开窍，更加严格地限制孩子的娱乐时间，整天逼着孩子学习。"高压政策"下，孩子看到书本就头疼，提到学习就心虚气短，甚至产生厌学的不良情绪，即使整天坐在书桌前，也一点都学不进去。所以，与其关注孩子是否花足够多的时间学习，妈妈不如花更多的心思在帮助孩子提高学习效率上。

那么，妈妈该如何引导孩子提高学习效率呢？

首先，要培养孩子不懂就问的好习惯。养成独立思考的习惯固然重要，但面对自己实在解决不了的难题，一个人闷在角落里苦苦思索，白白浪费时间，那就不是执著，而是不懂变通了。对此，妈妈应鼓励孩子思索过后仍有不懂的地方就要主动向他人请教，这样孩子才会进步得更快。

其次，帮孩子养成良好的学习习惯。一些孩子在学习时有边学边玩、注意力不集中等不良习惯，对此，妈妈要对孩子讲明：家里所有人吃饭、娱乐、睡觉都要遵守规定的时间，并要求孩子自觉安排学习时间。孩子平时做作业时，妈妈可以为他们规定一定的时间限制，培养孩子的紧迫感。对于那些考试时感觉时间紧张、不够用的孩子，妈妈更要帮他们养成认真仔细的前提下保持一定做题速度的习惯。久而久之，孩子单位时间内的学习效率自然会得到提高。

再次，指导孩子找到适合自己的学习方法。世界上并不存在一套"放之四海皆有效"的学习方法，妈妈应该根据自己孩子的特点，指导他们找到适合自己的学习方法。高效的学习方法能够帮助孩子更快地掌握知识，当学习变得更加轻松，孩子的学习兴趣也会大大提高。同时，帮助孩子掌握高效的学习方法还是培养孩子自学能力的重要内容。孩子在中小学阶段学到的知识还比较有限，进入大学或者参加工作以后，他们的学习任务会变得更重，那么拥有高效学习方法的孩子必然能走在他人的前面，比他人争取到更多的时间来完善自己各方面的能力。

在讨论如何提高孩子学习效率的问题时，教五年级数学课的王老师给我讲了一件事。他的学生晓黎是个学习非常刻苦的女孩，可让晓黎苦恼的是，无论她怎样努力，数学成绩总是不能超过80分。为此，她将放学后的大部分时间都用在了学习数学上，而这种不合理的时间分配又严重影响了她其他科目的成绩，形成了恶性循环。

一天晚上，晓黎的妈妈看到晓黎皱着眉头学习数学的样子，心疼极了。妈妈在晓黎身后站了一会儿，发现晓黎学数学居然也背课本。询问后妈妈得知，晓黎居然能将数学书上的内容全部背下来，这让她找到了晓黎付出却没有回报的真相。她告诉晓黎，学数学最重要的是灵活运用，而不是死记硬背。看着似懂非懂的晓黎，妈妈抽出课本里的一个知识点，然后出了几道相关的题让晓黎做。

经过这样的反复训练，晓黎终于明白了其中的奥妙。那天晚上，她仅仅花了一个小时就把当天数学老师教的知识点都学会了，并且运用到做题上。

与晓黎情况类似的孩子还有很多，妈妈在指导时要"对症下药"，比如帮助记不住单词的孩子掌握联想记忆法、词根记忆法、读音规则记忆法等。

最后，教会孩子科学休息。妈妈不要让孩子搞疲劳战术，过多的学习班、过重的学习量会使孩子长期处于疲劳状态，导致学习效率严重降低，久而久之，形成恶性循环；要引导孩子学会科学休息，张弛有度，保证孩子充足的睡眠时间和体育运动时间。具体来说，每个孩子都有自己学习的最佳时间，把握好最佳时间学习，往往能使他们的学习达到事半功倍的效果。妈妈应该细心观察自己的孩子，发现他们在什么时间学习时精神状态最好，鼓励孩子合理安排自己的学习时间和内容，在黄金时段多学习、多记忆，而在精神疲惫的时候多休息。一般来说，大多数孩子更适合早晨记忆、背诵，下午理解疑难问题，晚上巩固知识、进行联想式复习。

总之，作为妈妈，要坚决反对用延长学习时间和无休止的补课作为提高孩子学习成绩的方法，要指导孩子通过提高学习效率节约宝贵的学习时间，让孩子能够运用这些节省下来的时间充分享受童年的乐趣或者获取更多有益的知识。

称赞孩子的努力，而不是聪明

如今，妈妈们大多知道对孩子进行鼓励教育的重要性，于是一个又一个"聪明"便脱口而出，因为这个词用起来最简单，也最直接。殊不知，反复对孩子的聪明意识加以强化，很容易让孩子因自恃聪明而变得任性、唯我独尊，以致将孩子带入聪明反被聪明误的误区。

小博是熙熙的表哥，他爱动脑思考问题，动手能力也很强，时不时会搞一些小发明小创造。面对小博表现出的创造天赋，家人总会表扬几句。亲戚朋友来家里串门，也都称赞他："小博真是聪明！长大准能做个科学家！"

渐渐地，家人越来越多地听到他说的一句话就是："某某同学笨得像头猪，一道简单的数学题都做不出来。老师讲得太简单了，我不听都会。"同时，他又开始把更多的聪明才智放在了投机取巧上，有时一天就能弄出十几个华而不实的"发明"。

表扬的话语听得太多，孩子就会很自然地总结出"聪明可以博得大家喜爱"的规律。于是，瞧不起同学、不能踏实地学习、喜欢炫耀自己的小聪明等坏行为也就接踵而来。其实，出现这样的问题，责任不在孩子，错在家长身上。孩子开朗、表现欲强，这是天性使然，他们最初的目的也并不是借此博得家长的称赞。但当家长曲解了孩子的本意，用最简单也是副作用最大的"聪明"去应付他们时，他们的思维也就开始误入歧途了。

美国教育学家曾做一项实验。研究人员先是让幼儿园的孩子解决了一些难题，接着，反复对其中的一半孩子说："你们很聪明，答对了8道题。"又反复对另一半孩子说："你们很努力，答对了8道题。"然后，给所有孩子提供了两种任务供他们选择：一种是有把握能够做得非常好的；另一种是可能会出一些差错，但最终能学到新东西的。结果被夸聪明的孩子有近67%选择了容易完成的任务，而被夸努力的孩子有90%选择了具有挑战性的任务。

为什么会出现这种差异呢？其实，这与孩子的心理有关。

儿童心理学研究表明，经常被夸奖聪明的孩子，为了保住自己聪明的光环，就会有两种举动：一是用耍小聪明的方式来进一步显示自己的聪明，而这会导致他做事不够用心，不能脚踏实地；二是不敢尝试和挑战难题，因为他们担心如果自己做不到的话，会有损自己聪明的形象。在这两种心理的作用下，久而久之，他们会变得不爱开动脑筋，思维也会变得越来越缓慢。

正所谓"小时了了，大未必佳"，很多孩子在小时候表现得很聪明，而长大后却碌碌无为，多是受了"聪明之害"。针对这种现象，妈妈该怎么做呢？首先，要坚决杜绝对孩子"聪明"的称赞，遇到别人这样说时，也要制止。其次，要多称赞孩子的努力和进步，总之，可以用各种有益的词汇去替代"聪明"。

不要盲目批评粗心的孩子

比起因为不会做某道题目而生气、觉得自己无能，孩子在面对粗心丢分的情况时，自责、埋怨的情绪会少很多。他们很有可能会这样说："如果不粗心，我这次考试绝对可以得满分！"话语中还隐约流露出些许自豪感，好像不会做是不能原谅的，而会做却因为粗心马虎丢分就可以原谅。这样的孩子往往不占少数。

具体来说，孩子做事粗心，有态度不够端正的原因，所以经常敷衍了事，马马虎虎凑合做完就算完成任务；有性格原因，急脾气，做什么事都心急，匆忙中难免出错；有不够熟练的原因，对知识掌握得不够扎实，看着不难，实际上还没掌握好，因麻痹大意而出错；有心情焦虑的原因，因为心理负担过重，一考试就紧张出错。

针对孩子做事粗心的不同原因，妈妈要采取不同措施，或是让孩子端正态度，或是改变孩子急躁的性格，或是让孩子通过多加练习熟练掌握知识，或是减轻孩子的心理负担。

前一段时间，一位朋友发给我一封电子邮件，对我讲述了让她头疼不已的儿子小煜。

已经上小学的小煜是个马虎大王。他的脑子并不笨，很多时候理解能力比别的同学还要强，但就是总也改不了粗心大意的毛病。做作业和考试的时候，他总是会出各种各样的差错，有时候漏做了两道小题，有时候看错了标点符号，有时候把6写成了0，有时候还剩下半道题没做完就收笔了。

公布完期末考试成绩，小煜有些沮丧地拿着成绩单和试卷了回家。他不敢告诉妈妈自己又因为粗心丢了好多分。小煜上厕所的时候，妈妈翻了翻他的试卷，发现有些题目并不难，练习册里都出现过类似的，是应该可以答对的。

"小煜！这么简单的题目你居然也会算错？你还能干什么？"妈妈生气地训斥他。"我也不想答错啊，就是又大意了。"小煜向妈妈解释。"我跟你说过多少遍了，要用心，要认真，可是你就是记不住……"妈妈没完没了地唠叨开了。

小煜委屈地说："我怎么知道会这样！你总说我什么都干不好，我就是什么都干不好！"说完又赌气跑回自己的房间，关上门哭了起来。他在日记里写道："我真没用，连这么简单的题目都能做错，妈妈为什么老是责骂，再用功学习还是得到这样的结果……"

邮件最后，朋友问我："看了儿子的日记，我真的是没有办法再指责他了，你说我该怎么办啊？"

像小煜这样做事粗心大意的孩子并不少见，若是听之任之，让粗心大意成为孩子的习惯，等长大了就很难改掉。而妈妈如果过多地责怪，只会让孩子逐渐丧失对学习的兴趣和信心。妈妈要耐心帮助孩子改掉粗心的毛病，让他们养成严谨做事的好习惯。以下一些方法妈妈不妨试一试：

首先，要让孩子认识到粗心大意的危害。有些孩子对自己的粗心并不在意，而有些妈妈也对孩子的粗心并不重视，认为只要孩子聪明，粗心一点儿也没多大关系。这些想法都是要不得的。妈妈要帮助孩子认识到自己的粗心问题，比如给他们讲讲粗心的故事，通过一些实例和教训来分析粗心给人带来的种种危害。

其次，让孩子在做题前养成认真审题的习惯。告诉他们看到题目不要先急着作答，应该把题目"解剖"一下，看准题目中的已知条件和问题的关键点，然后再运用所学知识去解答，不要还没有真正理解题意，就自己想当然地去答题，结果所答非所问。

再次，要帮孩子学会自我检测。粗心的孩子一般在做事的时候不够专心，事情做完了也不愿意进行检查，所以才会出现错误。对这样的孩子，妈妈要帮他们养成通过检查发现错误并改正的习惯。

最后，让孩子整理自己的错题集。不认真分析、粗心造成的错误，就很难吸取教训。很多孩子在改正错题时，只是把题目从头到尾再做一遍，蒙对了就算完成任务，根本不去深究犯错的原因，这样的改错收效不大。妈妈可以让孩子把作业、练习、考试中的所有错题，分类收集起来，在出错的地方用醒目颜色标明错误的原因，时常翻阅，以提醒自己不要再犯类似错误。

此外，良好的习惯是一点一滴养成的，一些小事也要引起重视。比如，孩子的草稿纸大多是乱七八糟的，这样一不留神就会计算出错，或是在誊抄的时候抄错。因此，虽然不要求孩子的草稿纸过于整齐，但也不要太潦草，要以能够清晰辨认为准。

别让物质奖励帮了倒忙

"周末跟妈妈去书法班，妈妈就给你10元钱做奖励。"

"老实待在家里学习，妈妈回来就给你带好吃的东西。"

"乖儿子，只要你这次期末考试能排进年级前三十，就给你买台数码相机。"

……

妈妈总是希望孩子听话，达到自己的要求。为此，很多妈妈不约而同地采用了物质奖励的办法。在对待孩子的学习上，有些妈妈为了激励孩子，或者是鼓励孩子把已经取得的成绩继续发扬光大，会大方地满足孩子的愿望。

面对妈妈的利益诱惑，久而久之，孩子很可能变得动辄要求奖赏，功利心越来越重，做事前都要先讲好条件，不懂得体谅父母和家庭的难处，而且胃口会越来越大。一旦有一天他没有得到自己想要的东西，或者妈妈没有办法满足他的要求了，他就会丧失听话的耐心和对学习的兴趣。

我的学生小波在期末考试中作弊，被监考老师发现后，学校取消了他的考试成绩。我觉得挺奇怪，虽然小波的学习成绩一般，不过品行方面从来没有出现过问题，于是我把他叫到办公室询问原因。小波来到办公室，抽泣着把他这次作弊的原因告诉了我。

原来，小波的妈妈为了鼓励他好好学习、提高成绩，决定采用物质奖励的办法。这次期末考试之前，妈妈又对小波说："只要你有一科能考满分，我就给你买最新款的游戏机。"小波下定决心，这回一定要把游戏机弄到手。可问题是，他知道自己的学习水平如何，考试绝对没有可能得满分。左思右想之下，小波决定铤而走险，为得到游戏机作一次弊。然而考试的时候，他刚把小抄拿出来，就被监考老师抓了个正着。

妈妈用奖励的方式鼓励小波好好学习，本意是想要激发小波的学习动力，提高他的学习成绩，可为什么结果却是这样呢?

很多对孩子施行奖励政策的妈妈会发现这样一种现象，许诺孩子学习成绩达到某种程度后对孩子进行奖励，而且奖品不断升级，从去游乐场到买名牌运动装，从吃西餐到出国旅游，但往往每种办法用了一两次后就失效了，而孩子的成绩还是没有明显起色。

事实上，这些方法归根结底都是在对孩子进行物质刺激。须知，人对奖励的热衷程度取决于他在这方面的需求程度，而现在的孩子在物质上并没有太大的欠缺，所以物质奖励并不能真正激发孩子的学习热情。学习需要的是持之以恒的态度，即使物质奖励能给孩子带来一些动力，也是阶段性的、暂时性的，持续不了多长时间，所以不能从根本上解决问题，甚至会带来副作用。

物质奖励让孩子偏离了学习的真正目的和根本任务，将学习当作获得奖励的手段，把心思用在如何取得奖品、得到家长的欢心上。孩子的成绩在短时间内可能会取得提高，但是一旦目的达到了，他就很容易懈怠。同时，物质奖励会对孩子的学习造成干扰，不利于孩子正常水平的发挥。

如果孩子不能按照妈妈的要求考满分或是高分，尽管成绩进步了，却仍然得不到自己想要的奖励，自然会觉得委屈，学习兴趣就会受到打击，很有可能对学习产生对立情绪，变得反感学习、憎恨考试，还有可能会同妈妈发生矛盾。而且学习态度不够端正的孩子很容易患得患失，虚荣浮躁，很难进入心无旁骛、脚踏实地的学习状态。

所以，妈妈可以给孩子买衣服、给孩子零花钱，但绝不要把这些和考试成绩联系起来。对孩子来说，优异的学习成绩已经是最好的奖励了，妈妈眼中的赞许和脸上的笑容足够激励孩子再接再厉，不要再用物质奖励帮了倒忙。

与考好了不奖励相对应，孩子考砸时，妈妈也不要批评和惩罚孩子。妈妈的惩罚会大大增加孩子的学习压力，反而容易导致孩子考试时精神紧张、发挥失常，继而导致孩子自信心受挫，厌恶学习。

妈妈不奖励也不惩罚的坦然态度会让孩子用一种坦然的态度面对学习和考试，使孩子学习时注意力不被分散，还可以平衡孩子在学校中的压力，对孩子的身心健康有很大帮助。

培养孩子的观察力

观察是我们认知世界、获取知识的主要途径之一，甚至可以说，人类的一切学习活动都是由观察开始的。通过观察，我们不仅能了解事物的外部特征，还能概括出事物的本质特征，发现事物之间的联系。一个对身边事物充满了兴趣、善于观察并能从中发现问题的人，总能在不知不觉中学到知识，体验到快乐。苏联教育家赞可夫曾经明确指出，导致孩子学习成绩落后的原因纵然是复杂的，但观察力差是这些孩子普遍的特点之一。

对孩子来说，具备优秀的观察能力是非常重要的，这是他们认识世界必须具备的一种能力，也是他们追求成功所必须掌握的能力。日常生活中，妈妈要有意识地为孩子创造良好的观察环境，动植物园、博物馆、科技馆等都是培养孩子观察能力的极佳场所。妈妈可以引导孩子从观察他们最熟悉的、最喜爱的、特征比较明显的事物开始，引发孩子的观察兴趣。此外，还有以下两点方法供妈妈们借鉴：

首先，让孩子带着目的观察。观察不等同于用眼睛看，我们每天看到的东西非常多，但能留下深刻印象的却很少，能从中有所发现和收获的就更是少之又少了。主要原因就是比起简单地用眼睛来看，观察的目的要更明确。孩子对观察任务的了解直接影响到他们观察的效果。只有明确了观察目的，他们才能更容易集中注意力，观察得更加细致、深入，观察的效果也就越好。

孩子的观察目的通常来说是不够明确的，只局限在那些他们感兴趣的事物上，所以，妈妈要引导孩子带着目的去观察。比如带孩子去动物园，看斑马时妈妈可以问孩子斑马和其他的马有什么相似和不同，看梅花鹿时问孩子梅花鹿身上的花纹是什么形状的，看猴子时问孩子猴子最大的特点是什么，等等。这样，孩子就能有的放矢地去观察，从中获得更多的观察收获。

熙熙小时候特别喜欢去动物园，刚开始，熙熙一进动物园，就拉着我直奔熊猫馆，然后再去猴山，我们在这两个地方一待就是大半天，至于其他动物，则是走马观花随便看看。

一个星期天，我又带熙熙去动物园玩了一整天。回到家，我找来各种动物卡片，对熙熙说："你看，现在像不像是动物们聚在一起做游戏呀？我们家里也有个小小动物园了。"我把卡片摆在茶几上，又对熙熙说："这些动物应该是想要召开一个运动大会呢，现在我们要帮它们分分组，这样它们才好比赛呀。宝贝你说该怎么分才好呢？"

熙熙觉得挺有意思，便拿起卡片开始分类。看着熙熙没头没脑地将卡片移来移去，我问她："你是按照什么标准给动物们分类的呢？"熙熙考虑了一会儿才说："这些是我喜欢的，那些是我不喜欢的，所以我把它们分开了。"

我听了，笑了笑说："熙熙是按自己的喜好分的呀。那妈妈也给它们分分类，你看看和你分的有什么不一样。"然后，我将卡片分作了飞禽和走兽两组，让熙熙仔细找找卡片里的动物有哪些异同，猜猜我为什么要那么分。熙熙把卡片摆弄了半天，还是没说出来。这时，我又用一连串的问题来引导熙熙"这些动物有翅膀吗？""它们有几条腿呀？"在我的引导下，熙熙很快就找出了两组动物的不同。

看着分好的卡片，熙熙对我说："哎呀，我以前光是看熊猫和小猴子了，以后别的小动物我也要仔细观察。"然后，她要我下个星期再带她去动物园看看。

等我再带着熙熙来到动物园，熙熙已经能够明显区分出动物园里飞禽和走兽的不同了。同时，我开始引导熙熙对同一类型的动物加以比较，找出它们的区别。回到家，熙熙兴致勃勃地对爸爸讲"狒狒的脸很长，猩猩的脸很凶，猴子长得有些老"，"豹子身上有斑点，老虎身上的花纹是条形的"……

需要注意的是，妈妈在培养孩子的观察力时，不能一进动物园，就直接说"这里动物真多啊，好好观察观察吧"，这样很容易让孩子丧失兴趣。妈妈可以通过讲故事、玩游戏、做对比等方式激发他们的兴趣。

其次，要引导孩子全方位观察事物的特征。在观察事物时抓住其特征，找出不同事物之间的共性和个性，这样才能获得更加清晰的认识。在引导孩子观察的过程中，妈妈要让孩子在看的过程中不断地对对象进行比较、综合、判断等，这样，孩子就能够把握住观察对象的特点，观察能力也会变得更加敏锐。在妈妈的引导下，孩子就会了解事物都是有其自身特征的，并且以后再观察事物时也会开始重视事物的特征。事物的不同性质，往往是从不同的方面体现出来的，孩子学会尽量从多个不同角度观察，是他们成功把握事物特征的一个重要方法。

此外，妈妈在鼓励孩子勤于观察的同时，还可以向孩子介绍几种观察事物的方法，比如综合法、对比法、顺序法、重点法等。将不同的观察方法有机结合、灵活运用，孩子的观察能力会得到明显提高，观察行为也能够收到良好的效果。

爱阅读的孩子学习能力强

阅读是人们了解社会的重要方式，也是孩子认识社会和自然界的主要渠道。如今，我们的生活已经步入了"读图时代""网络时代"，孩子的书成了一本本的"连环画"，还有很多妈妈用学习机、平板电脑等电子产品代替了孩子手中的书。这样做的结果，只能导致孩子的阅读量越来越小，阅读能力越来越差。

事实上，孩子的阅读能力有着不可忽视的作用。阅读量大能够提高孩子的语文成绩还只是其中一个方面，同时，它还能够带动孩子其他学科的学习，比如阅读动植物类书籍可以让孩子对地理知识有所了解，以后他们接触到地理课程，学起来也更轻松。阅读量大了，阅读领域也会随之增加，孩子通过大量阅读可以拓展知识面，锻炼思维能力，陶冶情操，形成良好的道德品质。

一个从小就喜欢读书的孩子既不会觉得生活无聊，也不会感到孤独，更不会把过多的精力放在只为了消磨时间的游戏上。因此，让孩子从小爱上阅读，增大孩子的阅读量，是值得很多妈妈花心思去做的一件事。但阅读能力不是一朝一夕就可以形成的，需要一个循序渐进的过程。作为孩子阅读能力的启蒙者，妈妈要"因性施教"，立足于孩子的阅读现状，在孩子开始进入文字阅读、自主阅读的阶段，提升他们的阅读兴趣和阅读能力，让他们保持阅读的持续性。

浩然平时特别喜欢看书，只要一有空就书不离手。不过，他看的书都是些漫画和武侠小说，这让浩然的妈妈很头疼。她找到我，问我该怎么处理。我对浩然妈妈说："漫画和武侠小说不是洪水猛兽，适当阅读没有害处，不过要是只看这种类型的书，的确不合适。你可以给浩然推荐几本有趣又经典的儿童小说，激发他对其他类型书籍的兴趣。"说完，我还给她列了一个书单。

过了几天，浩然妈妈给我打来电话，说现在浩然已经开始看她推荐的书了，然后讲述了她是如何做到的。

那天，浩然又从同学那里借到了一本漫画书。他刚草草地写完作业，就迫不及待地翻了起来。这时，浩然妈妈走进他的房间，很感兴趣地问："这本书一定很好看吧？"

浩然头也不抬地回答："那当然了！"

妈妈接着问："那你能告诉我，这本书为什么好看吗？"

浩然抬起头，想了想，对妈妈说："这样的书看起来很可乐，让我挺放松。"

妈妈顺着浩然的话说道："你这么一说，妈妈也想看了，刚好我手里也有一本有意思的书，咱俩换换吧。"妈妈边说，边把《汤姆·索亚历险记》递给浩然。

浩然接过书翻了翻，一下就被吸引住了，他认真地读了下去，发现这的确是本好书。

很多妈妈担心孩子不爱读书，或是像最初的浩然一样，只读一些漫画类的休闲读物。那么，如何抓住孩子阅读能力成长的关键期，在孩子7~13岁这段时间里，让他们爱上阅读，并从中获益呢？妈妈不妨试试以下办法：

首先，要为孩子创设良好的读书氛围。家里有没有书，孩子是不是能经常接触到书，这对孩子的影响很大。想让孩子喜欢阅读，要在家里布置方便阅读、刺激阅读的环境。妈妈可以把一些比较吸引人的书放在孩子每天都能接触到的地方，天长日久，哪怕只是每天随意翻翻，他们也会慢慢对阅读产生兴趣。妈妈还可以在家里准备一个书房或是类似读书角的空间，布置一些配合孩子身高的书架和坐垫。妈妈还可以领孩子去图书馆，让他们感受那里的阅读气氛。

其次，要激发孩子的读书兴趣。兴趣是支撑孩子读书最强有力的动力之一。只要能让孩子对阅读产生兴趣，他们就会积极主动地完成这项活动。孩子对阅读的兴趣在很大程度上是从妈妈绘声绘色地给他讲故事开始的。平时，妈妈应该多抽出些时间陪孩子一起看书，同孩子一起交流读书的方法和心得，鼓励孩子把书里有趣的故事情节复述出来，再谈谈自己的理解和看法，然后大家一起讨论。在遇到孩子不懂的问题时，可以让他们自己从书中寻找答案。这些做法会让孩子的阅读兴趣变得更加浓厚，阅读水平也会得到提高。

再次，要帮孩子选择适合的读物。妈妈可带孩子去书店，当好参谋，帮孩子挑选既自己喜欢，又能融知识性和趣味性于一体的书；要有意识地扩展孩子的阅读面，不要局限于某一个类型。妈妈在为孩子选书时，要根据孩子的兴趣爱好和已有的阅读水平选书：如果孩子特别喜欢阅读，可以选择稍微高于孩子实际水平的书；如果孩子对阅读不感兴趣，可以选择略低于他们实际水平的书。

最后，指导孩子掌握一些常用的阅读方法。比如告诉孩子在阅读不同体裁的读物时，可以采用不同的阅读方法，经典读物要精读，故事类的读物要略读，诗歌和散文适宜朗读，逻辑性较强的文章适合默读，查找资料性的文献可以跳读等。

正视学校教育，
既不轻视，也不完全放权

根据整体性效应，"整体并不等于部分的简单相加，整体要大于部分之和"。而孩子的成长主要来自两方面的影响：一是学校教育，二是家庭教育。孩子所获得的绝大部分科学知识与技能、社会规范与道德价值观是在学校教育中完成的；但家庭教育同样要为孩子传授知识、社会规范与道德价值观。学校教育与家庭教育在根本目的上是一致的。二者紧密地结合在一起形成合力，要远远大于它们"各自为政"所能得到的效果。那么，妈妈该怎样做才能将家庭教育与学校教育配合好呢？

首先，要重视学校教育。一些妈妈对于学校教育没有好感，认为学校教育无用，选择自己充当孩子的老师。但在信息高速发展的今天，妈妈全方位充当各科老师的做法似乎已经行不通了，而且孩子也需要在校园里与同龄人交流。所以，为了让自己的孩子全面、健康地成长成才，妈妈需要将孩子送进学校。

其次，不完全放权。妈妈以为把孩子送到学校就如同送到了"保险箱"，以为就此可以彻底轻松下来，孩子的教育留给老师做就好。但事实上，孩子的教育并不是老师单方面可以完成的，送孩子上学也不等于"全托管"。

教育孩子是一个需要社会、学校、家庭通力合作的系统工程，学校教育必须依靠家庭教育的配合与支持。孩子在家中能够及时巩固在学校学到的知识和习惯，这些知识和习惯才能真正为己所用。同时，妈妈潜移默化的影响也会直接作用于孩子。

最后，加强与学校、老师的联系。家庭教育不可能不涉及学校教育。妈妈会发现，孩子经常会说"我们老师说了……""我是按着我们老师说的做的"，孩子很容易对老师产生崇拜，那么妈妈在教育孩子的过程中难免会有冲突。虽然家庭与学校是教育孩子不可缺少的两个部分，但现实中，它们往往是分离的，这对二者共同教育孩子来说是一个非常不利的因素。妈妈怎样教育孩子，老师需要了解；老师怎样教育学生，妈妈也要知道。只有这样，才能使学校教育和家庭教育和谐起来，减少横亘在二者之间的一些漏洞和盲区。平时，妈妈应该多与老师沟通，全面了解孩子的情况，积极配合学校的教育。

六年级的司想有些偏科，他的语文和英语成绩都挺好，可是数学成绩一直不理想，在第一学期的期中考试中，他的数学又考砸了，只得了37分。司想的妈妈很着急，赶忙来学校向老师求助。

因为我是司想的班主任，司想的妈妈找到我，想让我出个主意。我想了想，找来教六年级数学的程老师，我们三个人讨论了很久，最后想了一个办法。

晚上，程老师去司想家家访，还给司想带来了两张试卷。这让司想很担心，怕自己当着程老师和妈妈的面又"栽跟头"，但是他还是乖乖坐在了书桌前。

仔细看看试卷里的题，司想愣住了——这不是四年级的期中数学试题吗？他疑惑地看着老师，程老师说："你尽管做。"司想只用20分钟就做完了，程老师当场批卷，得了99分，只因为一个"8"写得不够清楚，被扣掉了一分。司想看到第二张卷子，更乐了——竟然是二年级期中试题。司想不假思索地认真做起来，不到10分钟就交卷了，结果得了100分。

司想的妈妈拿着两张卷子问司想："为什么这两张试卷你答得这么好呢？"司想回答说："过去学过，现在更熟练了，所以都会做。"程老师听了，赞许地说："是啊，就是这样。要是你对六年级数学，先学会，再熟练，一定也能考好！"司想似懂非懂地点点头。

归功于程老师的这次家访，司想对学数学有了信心，学习更认真了。经过两个月的学习，他在期末考试中数学得了82分，毕业会考时更是考了93分，是全班第四名。

虽然现在妈妈对孩子的关注度越来越高，但由于工作等的原因，妈妈直接接触孩子的时间并不多，很难及时发现孩子的问题，而老师与学生相处时间较长，能够及时地发现孩子的潜力以及存在的问题，而且老师可以通过对同龄人的对比更准确地找出孩子存在的问题。

通过司想学数学的故事就可以看出，老师的教学经验和对学生的了解能够让他想出更适合学生的方法。而且有研究表明，妈妈对孩子学校生活的参与往往能让孩子在学校中有更好的表现。所以，积极地和老师取得联系是每个妈妈的责任。

总之，家庭教育与学校教育是一个有机的整体，妈妈要积极与老师配合，密切合作，对孩子的教育形成有益的合力，共同为孩子营建良好的成长环境。

帮助孩子协调好与
老师的关系

　　我们经常会有这样的体会：和一个自己喜欢的、受自己尊敬的、有权威的人在一起，心里会感到高兴、快乐，他说的话、讲的道理自己很愿意听，甚至连他批评的建议都愿意采纳；但是，当自己对一个人抱有成见，和他相处就会觉得难受、不自在，即使他说的话再好，讲的道理再有水平，自己也不愿意接受。孩子几乎每天都要和老师在一起，他们从老师那里获取知识，学会做人的道理，如果孩子对老师有了成见，势必会影响到他们的学习效果和良好性格的形成。那么，妈妈该从哪些方面努力，帮助孩子协调好与老师的关系呢？

　　首先，维护老师的威信。老师在学生心中有威信，这是孩子顺利接受教育的重要前提，妈妈要十分重视维护老师的威信，做到尊重他们的劳动，理解他们的教育方式，支持他们的工作。如果对老师有任何不满或不理解，可以通过心平气和的方式直接与其沟通，切忌在孩子面前乱发议论和牢骚，更不能轻易地破坏老师的威信。

有些妈妈在孩子被老师误会、受到委屈的时候，会义愤填膺地替孩子"打抱不平"，对老师的做法横加指责，大有一副不为孩子出气誓不罢休的架势，事实上，这对孩子的成长并无益处。在孩子面前切不可对老师妄加评论，损害老师在孩子心中的形象，让孩子对老师、对学校产生厌倦、恐惧等不良心理，否则将导致孩子产生对老师的抵触情绪和对其教育行为的排斥心理。

其次，让孩子理解老师。对小学生来说，老师的话就是圣旨，但是随着孩子年龄的增长，有些孩子就会尝试着挑战权威，试着不写作业，试着为犯错找各种借口。到了中学，如果老师要求比较严格，与孩子贪玩的心理产生矛盾，孩子还会抱怨老师。当这些孩子离开了学校，他们才能真正懂得老师当初的苦心。

一位朋友对我讲了这么一件事。家长会过后，朋友带着儿子找到儿子的语文老师。做了自我介绍之后，朋友向老师了解儿子的学习情况。交谈结束后，老师对男孩说："你们那一片上课爱说话，以后上课不要和王伟说话了。"听老师这么说，男孩的脸立刻拉了下来，扭着脸小声嘀咕"我和王伟离得很远"，言外之意就是："老师你认错人了。"

和老师分开后，男孩愤愤不平地对朋友说："他肯定是把我和刘洋搞混了。还当老师呢，连学生都分不清。"

朋友并不知道儿子和刘洋长得有多像，也不知道他们的座位离得多远，但她亲眼看到了儿子对老师的态度，这是绝对不允许的。她很严肃地对儿子说："你和老师才认识半个学期，老师每天要接触那么多学生，一时认错了也是情有可原的。一天24个小时，你们大多数时间都是在学校度过的，是和老师们在一起的，老师对你们的了解甚至超过了爸爸妈妈。你们的缺点和不足，老师都看在眼里，急在心里，苦口婆心地劝导；看到你们取得好成绩，老师甚至比家长还高兴。老师非常辛苦，要仔细备课，认真上课，还要为你们出考题，连夜批改试卷，监督你们上自习……谁都难免出错，即使老师真的误会了你，你也不该这么不礼貌。"听了朋友的话，男孩羞愧地低下了头。

老师是除了父母之外与孩子接触最多的人，但老师也难免有犯错误的时候，有时候会因失误冤枉孩子。如果妈妈总是站在孩子的立场谴责误解他的人，时间久了，孩子容易变得爱斤斤计较、心胸狭隘。我的朋友及时对自己儿子的不礼貌行为做出了纠正，没有因为一件小事而加深孩子对老师的误解，也避免了孩子因为委屈而感到受伤。

平时，妈妈应该帮助孩子对老师的工作有更深刻的理解，对老师产生认同感，增强孩子的感恩意识。孩子懂得了感恩，就会由心而发地尊重老师，学习起来也会更用心。

最后，及时化解孩子与老师的矛盾。孩子和老师有了矛盾，妈妈先要认真倾听孩子的声音，做孩子发泄情绪的"垃圾桶"，然后设法弄清楚事情的真相，进行有效沟通和处理，帮助孩子调整好心态，用积极的态度面对老师。同时，妈妈要教育孩子用一颗宽厚的心去看待已经发生的事，学会善待他人，这样有利于维护孩子的心理健康。

熙熙上小学的时候，一次，我去学校接她放学，熙熙的同学看到我，围上来七嘴八舌地说："阿姨，你家熙熙今天被体育老师推到地上了！"我很吃惊，回家路上，我问熙熙："听说体育老师把你推倒了，怎么回事儿呢？"熙熙小声说："今天老师教打乒乓球，我怎么都学不会，老师生气了，拽着我的手练发球，然后把我拽倒了。妈妈，我又不是故意不学的。"我问："疼吗？"熙熙眼睛一红，说："疼。"

那位老师是从熙熙二年级时开始教他们体育课的，在这几年里，熙熙不止一次地对我说过"我讨厌上体育课""体育老师特别凶""上体育课的时候妈妈来把我接走好不好"……我一直都不以为然，认为这位体育老师也许比较年轻，性格急躁了些，所以一直没想过要去找他沟通，这也导致熙熙越来越讨厌上体育课。看着委屈得红了眼睛的女儿，我意识到自己的失误，非常内疚。

　　第二天，我请假来到熙熙的学校。找到校长后，我请校长把那位体育老师约到一起，大家开诚布公地讲清楚这件事。校长明确表示，那位体育老师的教育方式肯定是有问题的、不允许的，但他其实也是位工作非常认真负责的老师，经常不计报酬地辅导学生参加各类体育比赛。

　　体育老师到来后，也检讨说那天是自己不对，怪自己性子太急，他不是故意把熙熙推倒的，是不小心用力过猛。我表示很理解老师的心情，但是类似的事情已经发生不是发生一两次了，不能再有下一次，不要因为老师简单粗暴的教育方式导致孩子厌恶体育课，这也是违背老师的初衷的。

　　回到家，我将熙熙叫到跟前，郑重地告诉她，大人也是会犯错的，体育老师这么做是他不对，现在已经和老师好好聊过了，老师以后不会再那么粗暴了。熙熙听了，表示自己将来上体育课的时候会更认真的。

　　孩子不会无缘无故地排斥某个人、某件事，妈妈不能粗暴简单地对待而忽略掉重要的信息。如果妈妈从孩子的叙述中感觉到老师出现的错误是经常性的、重大的，妈妈要弄清事情的真相，但是注意不要让孩子知道妈妈对老师的怀疑，否则孩子会更加讨厌他不满意的老师，进而影响到学校生活。

　　总之，妈妈要帮助孩子协调好与老师的关系。当孩子对老师有意见和不良情绪的时候，妈妈一方面要引导孩子倾诉，帮助孩子释放消极情绪，保证孩子的心灵不受伤害，另一方面要及时发现、校正孩子思维上的偏差，同时，要与老师进行沟通交流，请老师帮忙一起打消孩子的不良情绪。

别让开家长会的日子
成为孩子的"受难日"

有许多孩子特别害怕开家长会，在孩子们眼中，尤其是一些学习成绩不太好的孩子眼中，家长会就是"成绩排名会"和"老师告状会"，家长会上的成绩通知单和老师评语就是下达给他们的"惩罚通知"，而开家长会的日子自然也就是他们的"受难日"，因为家长会后随之而来的，是轻则挨训，重则挨打。

小齐是我在教育实习时遇到的学生，他坐在教室的最后一排，而我也常常坐在最后一排听课，所以我们两人相处得不错。小齐告诉我，他很不喜欢他们班的班主任，并告诉了我原因。

有一次开家长会，班主任老师当着所有家长的面一一点评了每个学生的表现。提到小齐，老师对他的优点一笔带过，主要对他上课不认真听讲、偶尔顶撞老师的行为表示了不满，希望小齐妈妈能严加管教。

当着那么多家长被老师"数落"，妈妈脸红极了。家长会结束后，她也没顾得上仔细向各科老师询问小齐的情况，就忙不迭地离开了。一路上，她的火气越积越大，打开家门那一刻，看到正在玩电脑游戏的小齐，她的怒气彻底爆发了。

"干什么呢你？还有脸玩游戏，我的脸都让你丢尽了！本事没学到，倒学会顶撞老师了！能耐大了你，上课还不认真听讲，都学会了啊？学会了我怎么没看你给我考个100分啊？"妈妈边说边拔了电脑的电源，指着小齐开始数落。"我没有不认真听讲，有时候老师讲的我预习的时候都懂了所以才做别的。我也没顶撞老师，就是有时候对老师讲的内容提了些不同意见。"小齐连忙解释。但是妈妈根本不听他的，只认为小齐不能好好反省，又把他训斥了一顿，委屈的小齐忍不住哭了起来。

从那以后，小齐每次看到老师都有抵触情绪，自然也影响到听课效果，成绩一天天下降，而且他有什么心事也不再愿意告诉妈妈了。

在家长会后，采用简单粗暴的打骂方式教育孩子的妈妈，大多是那些平时不主动和老师沟通的妈妈。她们只有在开家长会时或老师"请家长"时，才有机会得知一些有关孩子的在校情况。老师向家长反映问题本是为了寻求家长的配合，以求达到更好的教育效果，但这些却都成为了妈妈生气的理由。她们不反思自己的教育方式是否有问题，不去想孩子的问题到底该如何解决，只是憋着一股火要找孩子"算账"。与其说她们处罚孩子是想"教育"孩子，不如说是妈妈自己想平息心头的怒火。殊不知，这样只能使问题陷入更糟的恶性循环中。如果小齐的妈妈在向小齐反映老师的意见时，也能听听小齐的解释，然后和小齐一起分析问题发生的原因，商量问题的解决办法，也许情况会大有不同。

事实上，妈妈平时应该与老师保持经常性的沟通，多了解一些孩子在学校的情况。即使从家长会上发现孩子有成绩退步、不守纪律，甚至逃学等问题，也不应该采取打骂的方式。凡事都要看两面,既要考虑老师的意见,也要顾虑孩子的感受。

孩子是敏感而脆弱的,如果妈妈与老师的会面变成了让孩子挨训、蒙羞的恐怖事件,后果只能是让孩子对老师产生敌视,对学校产生厌恶之情,同时,孩子在自信、道德等方面也会失去判断力和进取心,而且最后通常会反映在学习上,影响孩子的学习成绩。

孩子不会凭空出现问题,一定是有一些长期积淀的症结没有解决才导致问题的出现,比如孩子成绩突然下降,妈妈就要想一想最近孩子的情绪如何,主要和哪些人交往,有没有突然沉迷于某种游戏,或是遭到了什么打击等;孩子突然不想去学校,妈妈就要分析是不是孩子因为受到老师的批评而感到委屈,是不是和同学发生了矛盾,还是受到了他人的威胁等。发现问题,妈妈要和老师共同努力,找出原因,解决问题。只有取得了孩子的信任,妈妈才能让孩子主动讲出他的困难,从而获得妈妈的帮助和支持。

家长会是妈妈与老师沟通的有效途径之一,这也就涉及另一个问题:当老师如实地将孩子的情况告诉妈妈,妈妈该如何转达给孩子。妈妈应该主动把家长会上的情况与孩子分享,但是不要不分情况地全部如实传达给孩子。因为妈妈不同的转达方式会对孩子造成不同的影响,既有可能对孩子形成激励,也有可能给孩子带来打击。

小学三年级期末的家长会上,老师向家长通报了每个学生的期末考试成绩。我对比了熙熙与其他同学的成绩,发现她的总体成绩不错,只是英语差一些。家长会后,我找英语老师聊了聊熙熙的情况,英语老师也认为英语的确是她的弱项,她应该把英语知识再学扎实一些,让成绩再提高一步。

回到家,我对熙熙讲了家长会的主要内容。我知道这时候绝对不能把英语老师的原话告诉熙熙,虽然老师说的是事实,而且熙熙也知道自己英语成绩不好的实情，但是这个时候说出来，除了再一次强化英语是她的弱势的想法，让她在这门功课上不自信外，对她提高英语成绩并没有什么帮助。

为了激起熙熙学好英语的自信，我换了个说法："英语老师说你虽然考试成绩不够理想，但她觉得你在英语方面其实是很有潜力的。"听我这样说，熙熙很惊讶："我考得那么差，英语老师怎么会觉得我有潜力呢？"我说："你们英语老师可是市里有名的优秀教师，教过那么多届学生，凭她的经验和感觉，应该能看出哪个学生更有潜力吧，不然她怎么会这样告诉我呢？"

接着，我又对熙熙说："老师还告诉我，让你不要着急，别太执著做那些难题，重点是要先把基础知识学扎实了，遇到不懂的题彻底弄明白，不要留死角。只要认真跟着老师的教学思路走，就一定没问题的。"其实这是老师对所有家长说的话，但我知道，它对每个学生都适用。

听了我的话，熙熙明显有了自信心，英语老师的话让她对自己的英语能力有了新的认识。"我是有潜力的！"她这样告诉自己。从那以后，熙熙不再把英语当成"拦路虎"，她更用心地学习英语，成绩也不断提高。现在，英语已经从她的弱项变成了她最拿手的科目。

这样做，既传达了老师的意见，又妥善地维护了孩子的自信心，是激励孩子的正确方法。总之，妈妈要慎重对待家长会上老师反映的各种情况，不要让家长会变成孩子的"受难日"，而应该让它成为帮助孩子解决问题、更好成长的有效助推器。

把假期还给孩子

最近，熙熙的堂弟思博总是显得没精打采的，经常打瞌睡，注意力不集中。各个补习班和才艺班的老师也经常向思博的妈妈反映，思博的成绩有下滑的趋势。原来，即使是放了暑假，妈妈还是为思博安排了大量的课外作业和各种补习班、才艺班。

虽然是在放假，但思博比正常上学还要忙，白天他背着大大的书包穿行在去奥数班、剑桥英语班、游泳班、钢琴班、写作班……的路上，晚上要写作业到11点多，完全没有了休息和游戏的时间。对此，妈妈很不以为然："不逼着他学习，他放了假心就野了，不是睡觉就是玩，那怎么能行？"

对于很多孩子来说，支撑他们一整个学期辛苦奋斗的动力就是可以自由支配的假期。既然寒暑假是长期存在的，就说明有放假的必要性。很多妈妈只看到了孩子看似漫长的假期，却没有看到孩子在期末考试中为了取得理想的成绩而付出的艰辛努力。一连几天的考试中，孩子的心智体力已经达到了极限，急需放假后好好休整自己，以备开学再战。

妈妈看不得孩子清闲，孩子一不学习，妈妈就觉得痛惜，就要唠叨。为了躲避妈妈的语言"轰炸"，有些孩子甚至选择去网吧、游戏厅玩游戏的方式来逃离妈妈的视线，结果又容易导致陷入上网成瘾、成绩下降、亲子关系僵化的恶性循环。

在学习方面，熙熙非常自主、自觉，很少让我操心。每到放假，我都会对她说："平时学习比较辛苦，放假的时候你可以放松放松，早上可以多睡一会儿，妈妈不会打扰你的。"在假期中，熙熙会减少学习的时间，而增加玩乐的时间，看电视、上网的次数多了起来，还时不时地约要好的朋友一起逛街。

这期间，我还会提出让熙熙帮忙做家务，做家务的时间也成了我们母女交流的最佳时间。我们两人天南海北地聊天，就是不提学习。

经过一段时间的修整，熙熙总能以更好的状态去面对即将到来的新学期，学习起来更有劲头了。

孩子的假期作业已经有老师来安排，有进取心的孩子通常都会按照自己制订的计划按部就班地完成。其他时间，既然是假期，就应该让孩子自己做主，做他自己喜欢做的事情。有些妈妈为了让孩子取得更好的成绩，选择让孩子在假期继续"充电"。

孩子的大脑和身体得不到充分的休息，也没有了自己消化整合课堂上学到的知识的时间。孩子难以饱满的精神状态积极地投入到学习中，只能身心疲惫地返校学习。可见打消耗战，成绩未必就高。

对此，有一些妈妈表示，不是不给孩子时间玩，而是给了孩子时间，孩子却不知道该怎么玩了，只是整天坐在电脑前面，反而更让人担忧。也有一些妈妈为了保障孩子的人身安全，宁可剥夺孩子户外活动的快乐，也要将孩子"拴"在家里。事实上，现在的孩子并不缺少物质的东西，而是缺少快乐，缺少与妈妈的交流。

妈妈可以带着孩子参加各种集体活动，比如夏令营、游泳俱乐部、户外拓展游戏等，教孩子摄影、搭帐篷、认识野生植物，让孩子自己解决遇到的各种困难。通过这种形式，既能把玩与体育锻炼结合起来，又能在玩乐中增进与孩子的感情。

让我们再来看看国外的孩子是怎样度过假期的，也许可以为妈妈们带来一些启发。

韩国的小学生通常会利用假期参加学校组织的一些活动，离开家参加野外训练，培养团队精神，磨炼自己，大学生则多是出国旅行、学习；马来西亚的孩子会自愿参加各种"制服团体"，包括童子军、少年军、少年警察等，学习爬山、野外生存、急救等技能；在法国，不少中小学校利用假期组织学生到法国西部或南部的葡萄酒产地进行参观；美国的孩子会随着父母到处走亲访友，参加各种聚会，提高自己的社交技能；澳大利亚的小学生一般会跟着爸爸妈妈去海边过圣诞和元旦，大学生则利用暑假忙着打工，锻炼融入社会能力的同时，还能为自己赚到一些生活费。

Part 6

打开“心锁”，
带领孩子走出心理迷雾

改变多愁善感的孩子

提到多愁善感，很多人都会想到《红楼梦》中的林妹妹。她会因看到路边枯萎的鲜花而难过，也会因为读到一首伤感诗歌而落泪。虽然这为她平添了一丝动人气质，但在现实中，肯定没有哪个妈妈希望自己的孩子像林妹妹一样多愁善感。

一位朋友对我说，她发现自己原本活泼开朗的女儿最近变得多愁善感起来。比如看《动物世界》的时候，出现小动物被伤害的镜头，她会一边看一边流眼泪。刚开始，朋友觉得这是女儿特别有同情心的表现，还为此表扬了她。没想到的是，在以后的日子里，这样的情况经常发生。朋友无奈地选了张小朋友做早操的图片给她讲故事，心想，这下总该没问题了吧？谁知女儿看着图片，指着里面做操的小女孩问她："她妈妈去哪儿了？"紧接着女儿居然又哭了，还说："她妈妈一定不要她了！"

心理学家研究发现，长期过于敏感和过度紧张会使大脑神经的兴奋与抑制失调，让身体出现不适的感觉。如果妈妈不加以引导，整日里悲悲切切、郁郁寡欢的孩子是不可能坚强勇敢地应对生活、学习中出现的各种挫折和挑战的。那么，妈妈该怎么做才能有效帮助孩子改变多愁善感的性格呢？

首先，妈妈要做的是让孩子远离那些伤感的电视节目和故事书。现实生活中，本就多愁善感的人往往更偏爱那些催人泪下的节目或书籍，长此以往，必将愈发的敏感和脆弱。所以，妈妈一定要用一些乐观向上的精神食粮丰富她们的生活。此外，为孩子营造一个欢乐祥和的家庭氛围是必不可少的。孩子会在这种家庭环境中养成乐观的性格。

其次，妈妈要将孩子的注意力转移到其他方面。当妈妈看到孩子因为家里鹦鹉死了、花枯萎了、爸爸出差等事情而流露出伤感情绪时，不光要给予他们言语上的安慰，还要及时转移他们的注意力，可以跟孩子聊些其他话题，或带孩子出门走走等，以此来冲淡他们忧伤的情绪。

一天，我带熙熙去看电影。电影讲述的是一个很悲伤的故事，结果熙熙过了好长时间都不能平复自己的心情，回到家，还是一脸沉重的表情。见此情景，我开始用其他话题来转移熙熙的注意力。我知道熙熙非常喜欢宫崎骏的动画电影，就问她："忘了问你，前两天你不是和小米去听宫崎骏动漫原声音乐会了吗？怎么样，音乐会是不是很精彩？给我讲讲好吗？"提到宫崎骏的音乐会，熙熙来了兴致，她给我详细讲述了那天的音乐会，很快就把忧伤的电影忘在了脑后。

孩子的悲伤情绪有时候只是暂时性的，但也要及时帮助他们从不良情绪中解脱出来。妈妈可以尽量想办法把孩子的注意力转移到让他们觉得开心、感兴趣的事情上，帮他们从悲伤中快速解脱。

此外，妈妈还可以多带孩子参加一些亲友聚会。与人接触能够帮助孩子化解心中积郁的不良情绪，让他们逐渐变得开朗起来。

消除孩子的多疑心理

我的学生李思韵学习成绩不错，但在班里却是最不受欢迎的人物，甚至上体育课时进行分组练习都没有同学愿意和她一组。究其原因，主要是李思韵的性格过于敏感、多疑。别人不经意的一个动作、一句话，被她发现了都会和自己联系起来。只要有同学围在一起说话，她总觉得是在说自己的坏话，并且很愤怒地报告老师。一次，坐在她前桌的同学在传考卷给她时不小心把她的笔袋碰到地上，她也觉得那是故意的。老师在夸奖同桌的时候鼓励性地拍了拍同桌的肩膀，她回家也会跟妈妈抱怨"老师真偏心"。向老师打招呼，没得到回应，她也会想是不是自己哪里做错了，老师不喜欢自己了，而事实上老师因为在思考问题，根本没有看到她。就这样，久而久之，同学们都不敢靠近她了。

家长教育方法不一致、在学校里遇到困难、人际交往中受到挫折等，都容易让孩子处于不知所措的境地，进而发展为对人和事的高度不信任，形成多疑性格。这会为孩子的人际交往、婚恋等带来不良影响。那么，妈妈该怎样帮助孩子克服敏感多疑的心理呢？

首先，妈妈要减少自身的多疑带给孩子的负面影响。孩子多疑，常常是因为受到大人的影响。有些家长对此不以为然，甚至觉得这是孩子聪明的表现，可以让孩子少吃亏、少受骗。可失去了童真童趣，过早地用否定的眼光看待一切，对孩子来说是很不幸的。多疑的他们会因为计较太多而失去很多快乐。

除夕夜全家聚餐的时候，孩子给长辈拜年，长辈给孩子压岁钱，气氛热闹祥和。熙熙4岁的小表妹点点拿到红包就当场拆开，然后抽出里面的百元钞票，一张张地对着灯光看了起来。点点的妈妈尴尬地训斥他："你这孩子，钱有什么好玩儿的？快放下！"点点却理直气壮地回答："我看看是不是假的。"全家人听了哄堂大笑，甚至有人夸点点聪明。点点也很是得意，觉得自己的行为受到了肯定。

大人们看到点点这样的行为，一般都觉得很有意思，不过在我看来，这种情况其实是很危险的。孩子的性格很容易向着家长鼓励的方向发展。为了得到更多的肯定，这种所谓的"小聪明"会变本加厉，怀疑行为也会随着年龄的增长而升级。如果家长对孩子不信任，也很容易造成孩子对家长、对外界的不信任。所以，妈妈要让孩子在相互信任的环境中生活成长。

其次，妈妈要鼓励孩子多与人沟通，通过交往增加了解。妈妈要让孩子在人际交往中加深与同伴的相互了解，增加彼此的信任感，减少不必要的猜疑。当孩子有了某种疑虑，妈妈可以建议他们先调查一下，看一看自己的猜测是否与事实相符。因为偏见和误会而导致的猜疑往往会因此而消除。

此外，妈妈还要注意增强孩子的自信心。一个充满自信的人在学习和生活中，不会为自己的行为而患得患失，也不会轻易怀疑别人是否会挑剔、为难自己。

引导孩子远离骄傲

俄国文学家列夫·托尔斯泰说过："一个人就好像是一个分数，他的实际才能好比分子，而他对自己的估价好比分母。分母越大，分数的值越小。"即便是在提倡毛遂自荐的当下，谦虚仍然不失为一种美德，它也是让孩子获得成功的必要前提。

熙熙的同学梁东是个特别聪明的男孩，他的成绩一直非常好，尤其是数学成绩更是名列前茅，他还经常参加校内校外的数学竞赛，且每次都能获得比较好的名次。家长和老师经常夸奖梁东，这让他越来越自满，甚至有些目中无人。

一天，同桌女生向梁东请教一道数学题。梁东扫了题目一眼，撇了撇嘴，轻蔑地说："你是猪啊，这么简单的题都不会。"同桌听了忍不住哭了起来，以后再也没向他请教过任何问题。还有一次，数学老师讲课的时候不小心出现了失误。梁东在座位上说："居然能犯这种低级错误，怎么当老师的？"声音不大，却足以让老师和同学都听到。老师沉下了脸，接下来的半节课就在压抑的气氛中度过。

就因为太过骄傲自满，喜欢梁东的人也越来越少。熙熙不止一次地告诉我说，虽然梁东的学习成绩非常好，但班里的同学都不怎么爱和梁东说话，就连老师也都不太喜欢他。

骄傲是一种不良的心理状态，越是自以为聪明的孩子越容易产生骄傲自满的情绪。生活中，很多孩子被家长宠爱着，被太多的称赞包围着，就变得飘飘然起来，甚至成为急于展现自己美丽尾巴的骄傲孔雀。一些家长会用"你怎么这么容易满足？真是一点儿上进心都没有！""不就成绩好一点儿吗？比你好的人有的是！你怎么不和那些好的比呢？"来教育这样的孩子。但这些讽刺、挖苦的话非但不能起到教育作用，反而容易让孩子产生不满或者受到打击，走向另一个极端。那么，妈妈该怎样帮助孩子改正骄傲自满的毛病呢？

首先，要帮助孩子全面认识自己。骄傲的孩子往往会将自身某一方面的优势片面地扩大化，过高地估计自己，忽略了自己的短处，并且总是拿自己的长处和他人的短处相比，还为此而沾沾自喜。这样，孩子很容易变得狂妄自大。妈妈要让孩子全面认识自己，让他们认识到自己只不过是在一个很小的范围略有优势，稍有骄傲懈怠就很难再进步了。当他们明白"人外有人，天外有天"的道理，能够正确衡量自己时，就不会轻易产生骄傲自满的情绪了。

其次，让孩子认识到骄傲不同于自信。自信是一种积极的人生态度，能够使人乐观上进；而骄傲是对自身不全面的认识，是盲目乐观，会让人不思进取。有些孩子混淆了两者，而把自己的那点小得意看作是自信的表现。妈妈要帮助孩子加以辨别。

再次，要让孩子认识到骄傲的危害。

熙熙是以优异的成绩升入现在这所重点初中的，上初中以来，她的表现也一直很出色，老师们都很信任她，同学们也都很喜欢她。班上举行班干部选举，她还被同学们选为班上的学习委员。为此，她有些得意，"小尾巴"也悄悄地翘了起来。有时她对我说起班上的一些同学，总是用"笨""可笑"这样的形容词，口气很是不屑。

看到这样的情景，我认为不能放任下去，决定敲打敲打熙熙。一天吃完晚饭，我和熙熙在小区散步，我问熙熙："你知道为什么同学选你当学习委员吗？"熙熙想了想，回答道："因为我成绩很好，人缘也挺好。"我点点头："说得对。可那些都是你用勤奋、努力和谦虚、友爱换来的。但现在的你光顾着享受这些优点带来的好处了，却没有将这些优点保持下去。这样的话，同学和老师还能像之前那样喜欢你，下次班干部选举，你还能被选上吗？"熙熙不说话了，我知道她是感到惭愧了。我趁热打铁，继续说道："如果你的朋友取得成绩后开始看不起你，对你动辄冷嘲热讽，你还会和她像过去那样亲近吗？"熙熙若有所思地摇摇头，轻轻地叹口气。

从这天起，我发现熙熙有了很大的变化，她不再以骄傲和不屑的口气谈论同学，也不再因取得一点儿成绩而沾沾自喜，而是变得更加谦虚谨慎。

任何成绩的取得都只是阶段性的、局部的。学海无涯，一时领先就忘乎所以，恰恰是知识不够、眼界不宽的表现。如果孩子总是处于盲目的优越感中，就会逐渐放松对自己的要求，即使一时优秀也最终会变得平庸。骄傲自大、目中无人的孩子，往往让人们对其敬而远之。妈妈要让孩子认识到骄傲会带来的这些危害。

最后，要让孩子正确对待批评和建议。一个能够接受批评的人往往能够比较清楚地认识到自己的缺点。孩子在评论自己的时候容易出现偏差，为此，妈妈要让孩子摆正态度，能够悉心听取他人的批评和建议，不断充实和完善自己。

另外，妈妈应该开阔孩子的胸怀，引导他们走出自我的狭小圈子，让他们了解更多成功人士的成就和才能，变骄傲为上进的动力。同时，要让孩子意识到，自己所取得的成绩确实是自己努力的结果，但也不要忘记其中还包含着家长的培养、老师的教诲和同学的帮助。

别让虚荣污染孩子的心灵

田晓霖是我以前的学生，这几天，他的妈妈给我发来短信，说她有些担心儿子，觉得这孩子有点儿虚荣。

原来，上初中以来，田晓霖每个学期的期末都能领到学校颁发的三好学生奖状，今年他又毫无悬念地获奖了。颁奖大会上，校长在主席台上高声宣布了田晓霖的名字。可是连喊了两次"田晓霖"，坐在下面的田晓霖都是纹丝不动。待校长又提高音量，再一次喊到他的名字时，他才站起来，开心地跑去领奖。

田晓霖的妈妈从他的同学处得知这件事，便问田晓霖为什么这么做。田晓霖振振有词地回答："你没看到大家对我领奖已经无动于衷了吗？我得让所有的老师和同学都听到我的名字，记住我！所以，我才故意等到校长喊第三遍的时候才去领奖。"田晓霖的妈妈听了，惊讶不已，她觉得孩子这样下去不行，可又不知道怎么办。

从心理学角度来说，虚荣心是一种性格缺陷，是被扭曲了的自尊心。当自尊心受到损害、威胁，或过分自尊时，就可能产生虚荣心。英国剧作家、诗人莎士比亚曾经说过："爱好虚荣的人，是用一件富丽的外衣遮掩着一件丑陋的内衣。"被虚荣心严重影响的孩子，人生观和价值观会产生扭曲，人格上浮躁、自负、嫉妒心重，物质上爱慕虚荣、盲目攀比，社交上爱出风头，学习上不刻苦、好大喜功。具体来说，虚荣心给孩子带来的危害主要有以下几点：

1. 造成不必要的浪费。虚荣心强的孩子更好面子，总是喜欢把自己与别的孩子相比较，凡事都要争个高低。看到别人买新衣服，自己也要买，而且要买更贵的；看到别人去旅游，也不考虑家庭的经济实力，一定非去不可。殊不知，这样打肿脸充胖子，除了浪费金钱，毫无意义。

2. 让朋友越来越疏远。虚荣心强的孩子待人处世突出自我，喜欢自吹自擂，甚至因为嫉妒而贬低别人以抬高自己。这样只能引起他人的反感和蔑视。久而久之，朋友也不愿意跟他往来了。

3. 阻碍学习进步。在学习上，虚荣心强的孩子不把精力放在踏踏实实地用功以提高自己的能力和素质上，而是喜欢做表面文章，经常用弄虚作假、哗众取宠的方式赢得老师的赞扬。这样的虚假荣光带来的结果只能是坑害自己、耽误学业。

4. 损害身心健康。虚荣心强的孩子往往自卑、心虚，特别在意别人对自己的评价，一旦自己的虚荣心得不到满足，或是遭受刺激和打击，就会加重自卑心理，甚至自暴自弃，陷入无法自拔的痛苦之中，严重影响身心健康。

5. 影响终身的幸福和快乐。虚荣心往往蒙蔽孩子的双眼，让他们失去清醒的头脑，在恋爱和选择配偶的时候，更加看重对方的容貌、经济条件等外在因素，而忽略人品、性格、修养等内在因素。虽然可能风光一时满足了自己的虚荣心，但最终往往得不到幸福。

事实上，孩子虚荣心的形成主要是家长不当的教育方式造成的。很多家长因为怕孩子受委屈，而对他们有求必应，让他们处处不落人后。于是，在家长无意识地纵容下，孩子的欲望无限膨胀。还有些家长误解了奖励教育的意义，将孩子的优点过分夸大，这很容易让孩子对自己产生错误的认识。这样的孩子只能听表扬，受不了批评，长大以后往往会遭遇一些不必要的麻烦，有些甚至失去心理平衡、误入歧途。

那么，妈妈该如何改变孩子爱慕虚荣的毛病呢？

首先，要帮助孩子树立正确的荣辱观，让孩子对地位、荣誉、面子、得失有正确的认知和态度：有荣誉感是值得肯定的；面子不可没有，但也不能强求；过分追求荣誉、显示自己，只能让自己的人格扭曲……

其次，要客观评价孩子。有些家长喜欢在人前夸耀自己的孩子，这会使孩子将注意力过分放在赞许上。正确的做法是客观地评价孩子，不仅要表扬优点，也要及时指正缺点。

再次，要及时发现孩子的虚荣心，善加改正。孩子从正常的虚荣心发展到过分的爱慕虚荣需要一个过程，其间会有很多明显的表现。比如对自己的外貌越来越在意，对服装用品等开始挑剔，对家庭经济条件开始抱怨。发现孩子有这样的行为时，家长可以采用迂回战术，通过聊天，让孩子认识到即使家境一般，父母也很爱自己，朋友更看重的是自己的人品。

最后，要培养孩子的诚信品质。用诚信对抗虚荣，能够起到抑制作用。虚荣心往往会导致欺骗行为，如果孩子具有诚信的美德，那么当他们为了满足虚荣心而想要撒谎时，就会努力将它压制下去。

此外，妈妈也要注意个人修养，不要一味地讲排场、摆阔气、搞面子工程。在培育孩子的过程中，妈妈应以务实为基本原则，不把精力放在表面的东西上。

矫正孩子的攀比心理

攀比心理是一种"别人有自己也要有，别人好自己要更好"的比较心理，其中隐含着竞争、好胜的心理成分。每个人都有攀比心理，只不过成年人能够理智地加以控制，而成长中的孩子缺乏是非判断标准和自制能力，很难控制自己的攀比欲望。

如果家长一味满足孩子的这种心理，只会助长他们的贪婪欲望和虚荣心。而当这种欲望膨胀到一定程度，孩子无法从家长那里得到满足时，就会产生受挫心理。有些孩子为了达到目的甚至不惜走上犯罪的道路。

我曾在报纸上看过这么一则报道：在北京中关村某电子卖场中的一家苹果电子产品专卖店门前，记者看见一个女孩抱着一台平板电脑，一脸愠色，距她不远处，一位中年女子站在墙角，不时地抽泣。

原来，这个女孩马上要去上大学，今天是特意和妈妈一起过来买数码产品的，还指明非"苹果三件套"不可，而且必须是高配。超过2万元的支出让妈妈觉得有些吃不消。女孩"不给我买，就等着我在大学里丢脸吧"的怒斥，让这位妈妈心酸落泪。

我和熙熙的爸爸讨论此事，他感慨道："当年我去大学报到，用的行李箱都是我堂哥淘汰下来的。我们班还有好几个同学连行李箱都没有，衣服、书本和被褥都用装化肥的那种蛇皮袋装着。那时候，我们班一多半的同学都做兼职，赚取学费和生活费。现在的孩子确实和我们那会儿不一样了啊。"

的确，如今人们的生活条件越来越好了，在家庭条件允许的范围内，家长让孩子吃美食、穿名牌，花大钱送孩子上重点学校，这都无可厚非。但有些家长凡事喜欢向钱看，把金钱、地位、名车、豪宅视作衡量成功与否的标准。而成长中的孩子辨别能力较差，在日常生活中受到家长这种潜移默化的影响后，如果再缺乏正确的引导，就很容易发生与人攀比的现象。所以，每位妈妈都应该从自身做起，为孩子做出表率，帮助孩子形成正确的荣辱观、消费观。

正确引导孩子盲目攀比的心理，妈妈可以从以下几点做起：

首先，让孩子知道，每个人的需求是不同的，购物与否要看自己是否需要，而不是看别人有自己就非有不可。要让孩子了解性价比，知道物品实用就好，而不是盲目追求高品质、高价位。

其次，孩子的不合理要求，妈妈要坚决拒绝。有些妈妈出于疼爱孩子的心理，认为别的孩子有的，自己的孩子也要有。这种做法容易让孩子产生错误的认识，以为别人有的东西自己也该有，无形中产生攀比念头。为了杜绝这一点，当孩子基于攀比心理提出不合理要求时，妈妈要讲明原因，予以回绝，切忌因为孩子哭闹而心软、改变主意，这会让孩子把哭闹当作对付家长的武器，变本加厉地提出越来越高的要求。

再次，利用孩子的攀比心理促进孩子发展。孩子有攀比意识说明他存在竞争心理，妈妈可以引导孩子将攀比的焦点放在个人品质、学习能力、良好习惯上，激发孩子的上进心，促进孩子全面发展。

最后，鼓励孩子通过自己的努力或劳动来获得想要的东西，让孩子切身体会到满足攀比欲望需要付出的代价。

此外，可以通过媒体报道、社会实践等方式让孩子了解家境困难的孩子是如何奋发图强的，让孩子在比较中学会珍惜和感恩。

疏导孩子的嫉妒心

生活在充满竞争的年代，孩子有着或多或少的嫉妒心是很平常的事情。嫉妒心保持在一个合理的范围内，不对他人构成妨碍和伤害，反而有可能成为一种促进孩子向上的动力。但如果嫉妒心达到了折磨人的程度，就会影响孩子的正常生活，让他走向极端。强烈的嫉妒既不利于个人的身心健康、有碍进步，也会影响到人际关系。那么，对于一些孩子的强烈嫉妒心，妈妈该怎样有效化解呢？

首先，可以因势利导，把孩子的嫉妒心转换成动力。

地铁上，我听到这么一段对话。

妈妈拿着一张试卷对女儿说："这次英语测验，你考得不太好啊。小贝这次考得比你好。"

女儿不服气地说："上个月数学测验，我还比她高5分呢！"

妈妈说："可小贝这次考试数学成绩反而比你高了3分，而且总成绩比你高20多分。这主要是因为你的英语成绩不够理想……"

女儿还是不服气："那有什么了不起的！学英语不就是靠背单词么。像她那样死记硬背，谁都能考好。"

妈妈严肃地说："是啊，全靠花工夫。小贝成绩比你好，说明小贝比你更认真，如果你能和小贝一样，把该掌握的知识都掌握好，没准下次考试，你就是第一名了。"

女儿说："那有什么难的，她能做到的我也能，看着吧，下次考试的第一名一定是我的！"

嫉妒心比较强的孩子，往往不会承认别人比自己强，也不愿意别人在自己面前称赞第三者。这个女孩明知自己学习英语不够努力，反而说同学成绩好靠的是死记硬背。很多嫉妒心强的孩子都有一种不服输的精神，这个女孩就是这样，而女孩的妈妈无疑抓住了最好的契机，用激将法让她去学习同学的长处，让她明白，有嫉妒人的时间，还不如用在赶超上。

需要注意的是，在转化孩子的嫉妒心理时，妈妈应该多鼓励他们，尽量不用或少用责备或惩罚的方式。尤其不应该对孩子说"人家就是比你聪明，你还有什么可说的""何必嫉妒别人，是你自己没用"之类的话。这不但解决不了孩子的思想问题，还会让他们产生更严重的嫉妒情绪。

其次，要帮助孩子正确认识自己的长处和不足。嫉妒心理的产生多源于不能全面地看待问题，不能正确评价自己和他人。妈妈要注意在与孩子的相处过程中，培养他们正确认识自我、看待他人的能力。

和朋友聊起孩子的嫉妒心，朋友给我讲述了关于她的女儿乐珊的事情。新学期开始，一个女孩从外校转入乐珊的班级里。这个女孩长得可爱，性格开朗，成绩也很好。大家都喜欢和她做朋友。但乐珊很不喜欢这位新同学。因为在她没来之前，乐珊是班里最受欢迎的女生，可现在大家都把注意力放在了新同学的身上，这让乐珊很不开心，甚至有些嫉妒这位新同学了。

经过一番思想斗争，乐珊最终把自己的烦恼告诉了妈妈。听出女儿话里酸溜溜的嫉妒，妈妈对她说："新同学有新同学的优点，你也有你的优点呀。你们两个都很优秀，我想其他人也一定这样认为。再说，大家都喜欢这位同学，说明她身上有很多令人欣赏的地方，你不妨试着和她做朋友，两个人取长补短，共同进步，不是更好吗？"听了妈妈的话，乐珊觉得有些不好意思，意识到是自己的心胸太狭窄了。后来，乐珊果然和那个女孩成了很好的朋友，两个人时常一起学习、互相帮助。

有些妈妈在教育孩子的时候常拿自己的孩子和别的孩子作比较，说些"某某考试得了满分，你怎么就不能""人家书法能得奖，你却连怎么拿毛笔都不知道"……这种做法显然是不恰当的。因为嫉妒来自于不如别人的自知，而对比不当只能点燃孩子心中的妒火。妈妈应该让孩子认识到一个人不可能拥有所有的优势，要能够学习他人的长处，通过自己的努力弥补不足。所以妈妈应该正确引导孩子的价值观，防止孩子产生嫉妒心理。

帮孩子舒缓青春期压力

孩子到了青春期，生理和心理都处于尴尬期：体内激素变化较大，自身性别的生理特征开始出现，会让他们一时之间难以适应；繁重的学业、对未来的不确定感带来的压力，会让他们感到迷茫和沉重；自我意识的觉醒、性心理的逐渐成熟，会让他们在人际关系方面出现许多新的变化和新的心理需求，产生焦虑和紧张感；情绪上的波动起伏，也让他们倍感困扰。

对妈妈来说，如何与青春期孩子相处是一项很大的挑战。青春期孩子所面临的学业压力、人际压力和其他一些难以言说的潜在压力，如果不能得到及时疏解和引导，很容易导致他们注意力分散、精神萎靡不振，以致影响正常的学习和生活。而人生阅历短浅的孩子尚不足以独立排遣内心不安的情绪。那么，妈妈该如何帮助青春期孩子有效缓解压力呢？

首先，要与孩子多交流，给予他们必要的指引。帮助孩子缓解压力，找到压力的根源是很重要的。但很多时候，孩子自己都不知道自身无法排遣的压力来自哪里。所以，妈妈应多与孩子进行沟通，倾听孩子的倾诉，从他们经历的事情中找到压力根源，再帮助他们排解。

必要时，妈妈可以和女儿一起、爸爸可以与儿子一起分享自己遇到类似问题时的解决经验。当孩子知道了原来家长也曾经面对同样的压力和烦恼，就会觉得家长是自己的同盟军，对于家长劝解的话也比较容易接受。

很多时候，孩子常因为一些假设而产生多余的忧虑，并为此而消耗大量的精力。比如他们时常在心里问自己，考试成绩不理想怎么办？同学不喜欢自己怎么办？对此，妈妈要告诉孩子，很多事情，只要自己努力过了、尽了全力，就不要再担心了，要拿得起、放得下。

其次，不要给孩子过多的学业压力。没有压力，会让孩子变得懒散；适度的压力，会激励孩子奋发上进；而过度的压力，会导致孩子因无法承受而产生心理问题。有些家长拥有一定社会地位，身边朋友也大多是高收入或高学历人群，经常会不自觉地拿彼此的孩子作比较，进而对自己的孩子提出更多更高的要求。无形中，这种种期望就变成了重担压在孩子身上，让孩子不堪重负。

小佳是我们小区中人见人夸的好孩子，熙熙经常说小佳姐姐是"自己的榜样"。从小学到高中，小佳学习成绩一直名列前茅，且年年被评为三好学生和优秀干部。小佳父母对她寄予厚望，给她定下了考大学非清华、北大不上的目标。高考前，她的妈妈特意请假一个月照顾她，奶奶也专程从外地赶过来陪她。结果，小佳被她们这种如临大敌的态度搞得越来越焦虑。

临近高考，家人每天在她耳边念叨"一定要考上清华、北大"的次数越来越多，小佳身上的压力也变得越来越大。高考前的一个星期，小佳变得异常紧张，每天失眠，结果导致大病一场，连高考也错过了。

发生在小佳身上的事让人感到惋惜，但导致这种后果的恰恰是小佳的家人，如果不是家人的过度关注，小佳一定能轻松地考上一个好大学的。

妈妈关注孩子的学习本来没错，但过度关注有时会让他们产生紧张感和逆反心理，甚至对学习和学校感到厌恶。所以，妈妈要多给青春期孩子一些自由空间，减轻他们身上的学业压力，让他们在轻松的环境中学习、生活。

最后，要引导孩子学会释放压力。受青春期特殊的身心发展特点影响，加之缺乏生活经验，孩子往往会在不知不觉中放大压力事件的影响力和自身对压力的感受。所以，妈妈要引导孩子正确看待生活中的压力，教会他们如何化解和释放这种压力。千万不要让心理有压力的孩子只知苦恼和生气，妈妈要为他们找到减压的方法，引导他们找到宣泄压力的出口，运动、唱歌、聊天、写日记，甚至大哭大笑都可以。

此外，妈妈要鼓励孩子多交朋友，引导孩子建立自己的人际关系网。孩子年幼的时候，妈妈往往充当着帮助者的角色。当他们渐渐长大后，他们的人际关系网也在扩大。在面对压力的时候，孩子可以从朋友、同学或老师那里得到帮助。

正视对孩子的性教育

熙熙上初中后，我就开始关注青春期的性教育问题，经常查阅相关资料，并参加了一些相关的讲座。在一次讲座中，一位姓王的老师讲述了她遇到的一件事。

有一段时间，几名任课老师向王老师反映，说她的学生、一向品学兼优的刘畅最近听课时总是心不在焉，完全没有在听讲。王老师也发现，在最近半个月，刘畅上课时经常走神，气色也不是很好，还因为不舒服请过两次假。她几次询问刘畅是不是生病了，需不需要看医生。每次刘畅都涨红了脸，连连摇头。王老师觉得很奇怪，决定找刘畅的父母谈谈。

刘畅的父母听了王老师的话，也对她说了一些刘畅最近在家的反常表现：经常锁着房门不让父母进去，自己洗内衣和床单。这些在以前可是从来没有过的。

细心的王老师似乎明白了什么，问刘畅的父母："你们有没有发现刘畅有遗精的现象呢？"刘畅的妈妈不好意思地说："上周我给他叠被时，发现床单上有块污迹。真没想到这么小的孩子居然会这样，我跟他爸爸说了，他爸还笑刘畅早熟呢。"

接着，王老师又问刘畅的父母："你们给孩子讲过这方面的知识吗？""这还要讲啊？怎么好意思对孩子开口，以后他自己总会知道的。"听到刘畅妈妈的回答，王老师愣住了。

其实，刘畅的父母不知道的是，最近一段时间，刘畅一直陷入在深深的自责中，他既痛苦又愧疚，甚至有一种罪恶感，觉得自己很下流。而且他不敢对任何人说，怕所有人都瞧不起自己。

青春期是孩子从儿童发育到成人的过渡阶段，随着青春期的到来，很多孩子都有过类似刘畅的这种"成长的烦恼"，如果他们能够早些接受适当的性教育，就不会因为自身正常发育产生的变化而感到尴尬、焦虑、茫然无措，甚至陷入苦恼、自责当中。

事实上，性既不神秘，也不醒龊。关于孩子的生长发育、身体变化，因势利导地对孩子进行性教育原本是再自然不过的事情，但这在很多家庭都被忽视了。生活中，面对孩子关于性方面的问题，很多妈妈不是躲躲闪闪引开话题，就是自作聪明地欺骗孩子。

刘畅第一次遗精后，爸爸和妈妈不可思议的态度和无恶意地笑话他"早熟"，都让刘畅产生了耻辱感，甚至觉得性的发育是自己的罪过。如果他们能像下面这对父母一样妥善处理这件事，那么刘畅就一定不会有罪恶感，而可能会因自己长大了而自豪，更不会产生一系列烦恼和焦虑，影响到正常的学习和生活了。

王老师自己有个儿子，当她遇到类似问题时，她是这么做的。

一天，王老师上初二的儿子红着脸，偷偷摸摸地想要自己洗被精液弄脏的床单。王老师看见了，她没有说什么，而是悄悄告诉丈夫："儿子梦遗了。"丈夫找到儿子，拍着儿子的肩膀说："儿子，爸爸祝贺你，这说明你已经是个男子汉了。"第二天，儿子在书桌上发现了一本青春期科普读物，里面还夹着一张表示随时愿意为他解惑的纸条。

其实，不仅仅是青春期的孩子需要性教育，性教育应该始于更早。心理学家认为，妈妈应根据孩子的年龄对孩子进行不同内容的性教育。

一般3～5岁的幼儿已经对性有了意识，他们问的最普遍的问题是：我是从哪儿来的？这时，妈妈应该有问必答，不要回避，也不要用谎话来搪塞，可以简单地告诉孩子"你是在妈妈的肚子里长大的"。妈妈的回答应该简短，语气要坦然，以免孩子产生神秘感。对于暂时还没有办法解释清楚的问题，妈妈要如实说明，取得孩子的谅解。这个年龄段的孩子已经能够注意到两性差别，妈妈应该在洗澡等场合自然地让孩子认识自己的身体。

上了小学的孩子会比较害羞，虽然他们不常发问，但这并不代表他们没有问题。媒体上的"强奸""艾滋病""同性恋"等名词也会让他们感到好奇。妈妈可以借助童话、寓言故事等，将对孩子的性教育内容穿插其中，比如从植物的开花结果讲起，再联系到人的性与生殖。如果妈妈比较开明，那么孩子就不会将困惑埋在心里，而会随时向妈妈请教。

对于进入青春期的孩子，妈妈应该主动关心询问孩子的性困惑，以免孩子试图通过其他非正常渠道了解这方面的知识。在教育中，妈妈不仅要传授与性有关的知识，更要注意培养孩子对性的正确认识和健康的性心理。

美国性教育家戈尔顿教授说过："不要指望仅仅用某种教科书来解决孩子青春期的所有问题，最好的家庭性教育的方法是与孩子拉家常。"家庭不能成为性教育的盲区，妈妈应该在适当的时机对孩子进行恰当的性教育，帮助孩子正视自己"成长的烦恼"。

和孩子讨论一下
什么是爱情

　　青春期的孩子，由于性生理的发展和逐渐成熟，性意识开始觉醒。他们强烈地意识到男女有别，不可避免地对异性产生了一种朦胧的好奇心，渴望了解异性，甚至不知不觉中对异性产生了一种青涩的爱恋之情。这时，孩子开始有意识地修饰自己的仪表，注意自己的谈吐，希望能够引起对方的注意。这是青春期异性之间相互吸引的表现，是一种正常的心理变化。

　　有些妈妈，尤其是女孩的妈妈，开始为了孩子的早恋问题提心吊胆，甚至采取了杜绝孩子与异性交往的极端方式。比如，让女孩读女校，不选择有男孩的家庭做邻居等。其实，这是错误的。只要孩子能够掌握好与异性交往的尺度，与异性正常交往可以互补，丰富自己的个性，对成长是有好处的。而妈妈需要做的，就是进行正确引导。

　　周末，吃过晚饭，熙熙和我坐在沙发上一边看电视，一边聊天。电视播放的是一档明星访谈节目，节目里，受访明星正在讲述自己上初中时暗恋同班女同学的往事。看着看着，熙熙突然问我："妈妈，你上中学的时候有没有喜欢的男生？"我沉吟片刻，决定实话实说："令我产生好感的男同学确实有，不过没有特别喜欢的。你外婆经常对我说，人生不是事事都要趁早，有时候准比早更重要。"熙熙转过头看着我，说："就是早熟的瓜不甜呗。"我笑了笑："的确是这样。那你们班里有没有让你觉得很不错的男生呢？"熙熙转过头想了想，说："现在没有。我们班的男生都太幼稚了，一个个都像小弟弟似的。我喜欢像《天龙八部》里萧峰那样的大侠。要是没有萧峰那样的大侠，至少也要像我爸爸那样。"我把熙熙揽过来搂在怀里，心想："这个小丫头，还挺明白的。"

　　处于青春期的孩子，由于生理的原因，正处于情感的敏感期，异性同学之间互生好感是很自然的事情，这种情感不是洪水猛兽，妈妈不必因此感到如临大敌，更不能用强硬手段压制这种情感，而要在这一阶段引导孩子学会与异性正常交往，让他们明白什么是真正的爱情。

　　要让孩子明白什么是真正的爱情，妈妈可以给孩子讲一些身边的或是书中的爱情故事，这些故事要具有典型性，能够对孩子的爱情观产生积极影响。这些故事会引发孩子关于爱情的思考，这时，妈妈要抓住时机加以引导，不妨告诉孩子：在太年轻的时候，人们是不懂爱情的，爱情就像树上的果子，在青涩的时候摘下，尝到的只能是苦涩；爱情是不可以亵渎的，很随便的感情不是爱情，真正的爱情是两情相悦，是相濡以沫，更是彼此不离不弃。此外，还有几点需要妈妈注意：

　　首先，很多孩子对爱情并没有明确的认知，以为只要男生和女生在一起就是爱情，作为妈妈，首先自己要懂得区分，不要因为过度保护，而给与异性正常交往的孩子贴上"早恋"的标签，强行加以遏制。纯洁的友谊被妈妈错认，往往会给孩子美好的青春时代留下伤害和遗憾。而孩子若误将友谊当成爱情，也很容易误入歧途。妈妈对此有必要提供正确的引导。

其次，妈妈要告诉孩子，青春期是学习自律的关键阶段，与异性交往同样要自觉遵守规则。孩子在与异性交往的过程中善于自我控制，可以有效避免许多不必要的麻烦和受侵犯的不良后果。而自控能力是建立在正确认知的基础上的，妈妈应该开诚布公地与孩子讨论与异性交往有关的问题，还可以同孩子就某些影视剧的情节或是媒体报道的案例进行讨论，发表各自的看法，让孩子从中有所领悟。

最后，妈妈要教孩子学会明辨是非，抗拒诱惑。一方面，父母在对待婚姻家庭、异性交往的行为态度上要为孩子做榜样；另一方面，不要以为孩子接触到的都是正面的东西，就不会出问题，有时恰恰因为这样，使孩子缺乏了必要的分辨能力。妈妈要对孩子保持信息透明，引导他们学会自主选择，同时有能力自我保护。

总之，孩子在与异性正常交往的过程中，能够起到个性上互补、心理上互励、情感上互慰、智力上互偿的作用，对他们的自我发展是十分有利的。孩子学会与异性和睦相处，既是对未来建立婚姻家庭做好必要准备，也培养了他们将来在事业发展和社会人际关系方面的适应性。妈妈要多与孩子进行沟通，适时加以引导，帮助他们形成正确的爱情观，把握与异性交往的安全距离。

正确对待孩子的
叛逆行为

　　张展鹏是熙熙的初中同学。上小学的时候，张展鹏的成绩一直很好，也很听话，家长和老师都很喜欢他。但当他升入初中后，家长突然发现他的脾气变了很多。一天，张展鹏的妈妈突然接到学校老师打来的电话，听到了一个让她吃惊的消息：张展鹏剃了个光头在学校里晃来晃去，还有一些同学跟在他后面看笑话，他却不以为然。这一举动在学校掀起了轩然大波，熙熙也曾绘声绘色地给我描述过这件事。

　　张展鹏放学回到家，妈妈劈头盖脸地痛骂了他一顿。张展鹏听了没有和她争执，而是躲回了自己的房间，一刻钟后交给父母一篇《光头宣言》："头发是我自己的，我有管理权！"这让父母手足无措，只好用换位思考的方式让张展鹏同意戴帽子上学。

张展鹏的父母本以为一切就此风平浪静，没想到才过了几天，他的反叛又升了级：先是给左耳朵穿了5个洞，接着又买回了一批稀奇古怪的衣服饰品，最后竟然闹着不去上学。

在青春期孩子的心理发展过程中，有一个比较特殊的发育阶段。在这个阶段，很多孩子像张展鹏一样，他们不理睬家长，拒绝家长的要求，处处和家长唱反调，不愿让家长干涉他们的事。一向温顺听话的孩子到了这个时期也会变得急躁、不听话。很多家长对此感到困惑。事实上，这是大多数孩子生理和心理发展的必经阶段。它是孩子自我发展的需要，表明孩子开始产生自主意识，建立自己的好恶观念，表达个人的需求。

虽然可以把孩子的叛逆说成是他们成长的表现，但如果妈妈处理不好，也会对孩子的成长产生不利影响。如果对孩子的叛逆行为反复限制和干涉，可能让孩子变得唯命是从、缺乏主见。而如果妈妈对孩子的错误行为一味迁就，又无疑是对孩子不良行为的一种纵容。所以，妈妈需要把握好管教的"度"，用一定的技巧化解孩子的叛逆，帮孩子顺利度过这一阶段。

首先，要尽量尊重孩子的想法。有时候，孩子对妈妈的意见说"不"，并不是在针对妈妈，也不是针对某件事，而是单纯地想表达自己有权利否定一些事情。对此，妈妈在要求孩子的时候，要先了解他们的心理，尊重他们的想法，让他们能够自由地表达自己的看法，让他们认为自己是一个独立的、可以有自己意见的人。

其次，要避免采取硬性措施。这个阶段的孩子往往本能地反感被要求做这做那，而喜欢自己"当家做主"的感觉。所以，妈妈要尽量回避直接向孩子提出要求的方式，可以用旁敲侧击的办法引起孩子的兴趣，让他们觉得这是自己想干的。

再次，可以反其道而行之。有时候，妈妈可以将计就计，顺着孩子的心思，反着来要求孩子。比如下雨天，想让孩子穿雨鞋，妈妈可以这样跟他说："今天还是别穿雨鞋了，弄脏了新买的雨鞋就不好了。"在妈妈"反其道而行之"的策略面前，孩子往往会"束手就擒"，坚持按妈妈本来的意愿去做。

最后，教育不成的时候，可以让孩子自己实践。生活中，很多孩子都有"不见棺材不落泪"的倔劲，苦口婆心地说教无效时，可以让他们自己尝试，吃吃"苦头"，有了经验教训，遇到类似的事情孩子就不会再与妈妈对着干了。比如，孩子想在离家很远的地方买两个西瓜，妈妈劝说路远不要在那里买，孩子却不听，那就索性买下来让孩子自己拎回家。

与孩子谈谈挫折和生命

2010年7月中旬,中国音乐学院附中8名学生在接到被劝退的消息后相约集体自杀,1人服药后获救,其他7人有幸被及时制止。近年来,中小学生自杀事件频频发生。仅2010年,全国就发生中小学生自杀事件73起。对全国13个省市进行的调查显示,20.4%的中学生有过自杀意念。

也许有人将中学生的这些行为归结为他们的年幼无知,心智不成熟。但发生在大学校园内的自杀事件也是让人触目惊心。2007年10月31日,一位清华大学年仅26岁的研究生跳楼自杀,当场死亡。他在遗书中说,自己找不到理想的工作,不愿意成为父母的拖累,所以选择结束生命。

一项对我国近几年来高校36起大学生自杀案件进行的调查显示,自杀原因中,有2例因身体残障,8例因抑郁等精神障碍,11例因恋爱受挫,16例因学习压力、人际关系紧张、家庭贫困、就业绝望等。在学院联欢晚会上唱歌跑调甚至也可以成为自杀的原因。

很多人将矛头对准了家长和学校，认为是家长的功利主义教育思想，"唯分数论"的应试教育制度导致越来越多的孩子走上不归路。但事实上，我国人口众多，在优质教育资源紧缺的情况下，为了能享受到更为优良的教育资源，就一定会有竞争，而有竞争就必然会有成败之分。再假设我们的基础教育不是"唯分数论"，那也必然会有其他形式的评价，而有评价就会区分出优劣，也一定会有成绩的上升和下跌。

其实，造成悲剧的重要原因之一是孩子的心理承受能力太差、生命意识淡漠，妈妈没有意识到对孩子进行挫折教育和生命教育的重要性。要知道，孩子所要面临的竞争其实远不只存在于基础教育阶段，学习、就业仅仅是漫长人生经历中的一个环节，想要生存下去、发展得好，人生的每个阶段都伴随着各种竞争，各种成败。生命何其珍贵！我们无比期盼这些年轻的生命能够被及时挽救。但获救之后，人生之路还有很长，如果他们不能彻底改变自身对挫折的态度、善待自己的生命的话，谁又能保证在将来，他们不会因为其他的事情再一次一蹶不振，陷入困境而盲目赴死。

挫折是人生的一部分，它从不以人的意志为转移，不管我们喜欢不喜欢，愿意不愿意，挫折都会不期而至。悲剧警醒妈妈们，克服舐犊本能，该严格管教的时候就应该严格管教。如果妈妈希望孩子未来的人生少一些悲凉气氛，多一分壮丽色彩，应该从孩子小时候起，就教他们正确面对挫折，并学会如何应对。这样，当挫折到来时，孩子才不会惊慌失措，而是打起精神从容面对。

至于那些企图用自杀的方式逃避问题的青少年，他们对死亡的概念往往比较模糊，有些人甚至认为死亡是可逆的、暂时的。他们之所以选择自杀，有些是因为自己不懂得生命的宝贵、害怕面对挫折，但更多的是不知道也从没想过死亡对自己和亲人意味着什么。作为孩子成长的保护者，妈妈不仅要关心孩子知识的获得和精神的成长，还要让孩子学会尊重与珍惜生命，让孩子正确认识"生老病死"。

很多美国家庭就比较重视对孩子的"死亡教育"。美国妈妈认为，有必要通过教育让孩子正确地认识死亡、勇敢地面对死亡，这样能够帮助他们正确对待死亡，也能使他们树立一种正确的意识——通过做有意义的事来提升自己的人生价值。基于这种观念，她们面对孩子提出的关于死亡的话题，会坦诚地用简单明了的话为孩子解答。她们不会回避这个问题，也不会将答案说得模棱两可。她们相信，对孩子进行死亡教育，可以使孩子更加热爱生活和生命，从而有效地降低自杀率。不少妈妈发现，孩子接受了死亡教育后，爱心更多了，承受挫折的能力也增强了。

人的一生从来不会一帆风顺，漫漫人生路上，往往是悲喜相伴、苦乐相掺，有时候挫折、坎坷甚至比平坦之路更多。每个人都是在不断地认识挫折、战胜挫折的过程中成长和发展的。

妈妈要让孩子知道，挫折是人生的一部分，而一个人最重要的就是生命，虽然生命中会有坎坷和挫折，但生命的本质是光明的、积极向上的。在这样的教育下，孩子对挫折和生死有了理性的认识，就能够正视挫折、珍惜生命、保护自己，进而在有限的生命里发挥自己最大的价值。